하늘을 쫓는 아이

스푼북은 마음부른 책을 만듭니다. 맛있게 읽자, 스푼북!

쌈지떡 문고 07 | 권기옥
하늘을 쫓는 아이

초판 1쇄 발행 2015년 8월 15일
초판 2쇄 발행 2016년 11월 30일

글 정지아 | 그림 홍정선 | 책임편집 이나영 | 디자인 여희숙

ⓒ 2015 정지아
ISBN 979-11-5655-015-0 73810

스푼북 spoonbook01@gmail.com

* 저작권법에 의하여 한국 내에서 보호를 받는 저작물이므로 무단 전재와 무단 복제를 금합니다.
* 이 도서의 국립중앙도서관 출판시도서목록(CIP)은 e-CIP홈페이지(http://www.nl.go.kr/ecip)와
　국가자료공동목록시스템(http://www.nl.go.kr/kolisnet)에서 이용하실 수 있습니다.(CIP제어번호 : CIP2015018469)
* 책값은 뒤표지에 있습니다.

발행처 ㈜한우리북스 | 출판신고 2006년 5월 12일 제2015-000075호
발행인 최명규 | 편집인 이대연 | 편집 최윤희 이나영 | 디자인 여희숙 | 마케팅 백민열
주소 대한민국 서울시 영등포구 당산로 27길 16(당산동 3가 397번지) 한우리빌딩
전화 02-362-4704(편집) 02-362-4754(마케팅)
팩스 02-362-4750 | 전자우편 book@hanuribooks.co.kr
*10세 이상 어린이 제품　　　친환경 콩기름 잉크 사용

한국 최초의 여성 비행사, 권기옥

하늘을 쫓는 아이

정지아 글 | 홍정선 그림

스푼북

작가의 말

어린 시절에 나는 길이 가장 잘 보이는 산 중턱 바위에 앉아 종일 길을 바라보았어요. 저 길을 따라 나가면 무엇이 기다리고 있을까? 어떤 세상이 펼쳐질까? 바위에 걸터앉아 상상의 나래를 펼쳤답니다.

상상의 나래를 펼치다 상상 속의 주인공이 되기보다 그런 주인공을 만들어 내는 작가가 되고 싶어졌어요. 작가가 되면 매일매일 새로운 상상을 하며, 즐겁게 살 수 있을 것 같았거든요. 그리고 드디어 작가가 되었답니다. 어린 시절의 꿈을 이룬 거죠.

이 책의 주인공 권기옥은 우리나라 최초의 여자 비행사랍니다. 권기옥이 어렸을 때는 비행기가 만들어진 지 얼마 되지 않았고 비행사들이 많지 않았어요. 게다가 그 시절 한국에서는 여자가 직업을 갖기 힘들었어요. 권기옥은 집이 가난한 데다 여자라는 이유로 학교조차 갈 수 없었죠.

권기옥은 여러분보다 거의 백 년을 앞서 살았던 사람이에요. 백 년 동안 한국은 몰라보게 달라졌지요. 여러분은 여자라는 이유로 학교에 갈 수 없었던 시절을 이해할 수 없을지도 모르겠네요. 하지만 세상이 아무리 달라져도 달라지지 않는 것들이 있답니다. 꿈도 그중 하나지요.

인류의 역사가 시작된 이래 사람들은 언제나 꿈을 꾸었어요. 아주 오래전 레오나르도 다빈치는 새처럼 날고 싶다는 꿈을 꾸었답니다. 당시 사람들은 말도 안 되는 소리라고 비웃었지요. 하지만 지금, 인류는 새보다 더 빨리 날게 되었어요. 꿈은 힘든 상황에서도 사람을 움직이고, 인류의 역사를 발전시키는 위대한 원동력이랍니다.

　여러분은 무엇이 되고 싶나요? 마음속에 어떤 꿈을 품고 있나요? 어떤 꿈이 되었든 최선을 다해 노력한다면 그 꿈이 지금은 상상할 수도 없는 미래로 여러분을 안내할 거예요. 때로는 힘든 일도 있을 거예요. 하지만 아무리 힘들어도 참고 견디면, 포기하지 않으면, 언젠가 여러분은 권기옥처럼 멋진 세상을 만나게 될 거예요. 우리나라 최초의 여자 비행사 권기옥의 이야기가 여러분을 꿈의 세계로 안내해 줄 수 있기를 바랍니다.

　　　　　　　　　　　　　　　　　　　　　　　　　　정지아

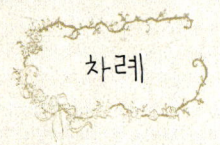

차례

이 층에 사는 할머니의 정체 • 8

학교에 가고 싶은 소녀 • 18

하늘에서 찾은 꿈 • 30

대한 독립 만세 • 40

항공 학교 입학 • 51

힘들게 열리는 길 • 63

끝나지 않는 위험 • 72

꿈으로 날다 • 80

한밤중의 손님 • 91

최초의 여성 비행사 • 102

목숨을 건 비행 • 111

또 다른 꿈의 시작 • 122

이 층에 사는 할머니의 정체

가연은 번쩍 눈을 떴다. 스스로 일어나는 건 정말 오랜만이었다. 가연은 엄마가 여러 번 깨운 뒤에 짜증 섞인 잔소리까지 듣고는 겨우 눈을 뜨는 아이였다. 왜 그렇게 계속 졸린지 가연도 신기했다. 가연은 밥을 먹으면서도 꾸벅꾸벅 졸 때가 많았다. 그런 가연이 오늘은 스스로 일어난 것이다.

가연은 엄마가 씻으라고 하기도 전에 세수까지 끝냈다. 며칠 전 새로 산 원피스를 말끔하게 차려입은 뒤, 콧노래를 부르며 짐을 꾸렸다. 용돈을 아껴 산 환의 장난감도 빠뜨리지 않았다. 오늘은 사촌 동생인 환의 돌잔치가 있는 날이었다.

환은 얼마나 컸을까. 벌써 석 달이나 보지 못했다. 가연은 지난해 병원에서 환을 처음 만났다. 눈도 못 뜬 채 입을 오물거리는 모습이 매우 귀여워서 가연은 환을 안아 보겠다고 떼를 썼다.

"안 돼! 환을 떨어뜨리기라도 하면 어쩌려고. 절대 안 돼."

만사에 늘 조심성 많은 엄마는 절대 안 된다고 가연에게 으름장을 놓았다.

"나도 그만한 권리는 있어! 그렇죠, 큰엄마?"

"그럼, 있고말고."

큰엄마가 웃음을 터뜨리며 환을 가연의 품에 건네주었다. 큰엄마는 태몽을 꾸지 않았다. 태몽을 꾼 건 가연이었다. 큰엄마가 하얀 새끼 호랑이를 안는 꿈을 가연이 꾸고 난 뒤, 큰엄마가 늦둥이를 낳은 것이다.

가연이 환을 품에 안은 순간, 환이 번쩍 눈을 떴다. 그 새까만 눈동자가 거울처럼 가연의 얼굴을 또렷이 비쳤다.

"태몽도 대신 꾼 것을 보니 우리 환과 가연이는 인연이 남다른 모양이네."

"형님도 참, 그냥 우연이겠죠."

초 치는 데는 엄마가 일등이다. 아무튼 가연이 환의 돌잔치에 빠질 수는 없었다.

돌잔치에 가야 해서 평소보다 빨리 아침을 준비하던 엄마가 가연을 보고는 눈이 휘둥그레졌다.

"뭐야? 설마 너도 따라가겠다는 거야?"

가연이 고개를 끄덕이자 엄마가 끌끌 혀를 찼다.

"대체 생각이 있는 거니, 없는 거니? 내일부터 중간고사잖아. 시험은 어떻게 하고 돌잔치에 따라가겠다는 거야?"

가연은 시험에 대해 까맣게 잊고 있었다. 하지만 이런 기분으로 공부가 잘될 리 없었다.

"거기 가서 공부하면 되잖아. 환이 보고 싶단 말이야."
"잔칫집에서 잘도 공부가 되겠다. 시간 맞춰 학원에나 가."
엄마가 저렇게 나오면 따라가기는 틀린 거다. 가연은 입을 내밀고 밥도 제대로 먹지 않았다. 엄마가 그런 가연을 흘겨보았다.
"넌 대체 뭐가 되려고 그러니? 시험이 내일인데 어떻게 놀러 가겠다는 생각을 해?"
"난 아무것도 안 될 거야! 아무것도 안 되면 될 것 아냐!"
가연은 숟가락을 내팽개치고 벌떡 일어났다. 핑 눈물이 돌았다. 가연은 공부 따위 하고 싶지 않았다. 되고 싶은 것도 없었다.
"방귀 뀐 놈이 성낸다더니 뭘 잘 했다고 성질이야, 성질이! 얼른 앉아!"
아빠가 굳은 얼굴로 가연을 쳐다보았다. 가연은 움찔해서 얼른 자리에 앉았다. 아빠는 버릇없이 구는 것을 가장 싫어했다.
"멍하니 있지 말고 공부해. 알았지? 학원에 꼭 가고."
엄마는 대문을 나서는 순간까지도 잔소리를 멈추지 않았다.
엄마가 사라지자마자 가연은 마당에 있는 평상에 벌렁 드러누웠다. 구름 한 점 없이 맑은 하늘이 시원하게 펼쳐졌다. 하늘이 어제보다 한 뼘은 높아진 것 같았다. 하지만 선생님은 어려운 과학 현상에 대해 설명하며 하늘이 실제로 높아지는 것은 아니라고 했다.
몇 번씩 눈을 비비고 봐도 분명 하늘은 어제보다 높아 보였다. 저렇게 눈에 빤히 보이는데 어른들은 참 이상하다. 자꾸 다른 소리를 한다. 어른들은 생각하는 것도 다 똑같다. 부모님도 선생님도 가연만 보면 자꾸 무엇인가 되라고 한다.

꼭 뭐가 되어야 하는 걸까? 가연은 별로 되고 싶은 게 없었다. 하늘은 하늘이고 나무는 나무다. 그것들은 뭐가 되려고 하지 않는다. 그냥 권가연으로 사는 건 안 되는 걸까? 무엇이 되지 않아도 가연은 가연이다.

가연은 결정했다. 무엇도 되지 않기로. 그게 가연이 원하는 것이었다. 가연은 멍하니 있기 시작했다.

선생님들이 가연에게 늘 하는 말이 있다.

"이상하다. 가연이는 수업 시간에 딴짓하지 않고 책만 보는데 왜 성적이 안 좋지?"

알고 보면 하나도 이상할 게 없다. 눈은 책을 보고 있지만 생각은 다른 곳을 헤매고 있어서다. 가연이는 멍하니 다른 생각에 빠져 있다가 수업이 끝난지도 모른 적이 많았다.

구름 한 점 없던 하늘에 비행기가 지나가며 그 자취를 따라 구름이 생겼다. 햇빛이 눈부신 걸 보니 점심때가 지난 것 같았다. 평상에 누워 빈둥거린 지 두 시간도 넘은 모양이었다. 슬슬 배가 고팠다. 그사이 비행운은 점점 길어지더니 사라져 갔다.

비행운을 좇던 가연의 시선이 이 층 창문에 닿았다. 누군가 이 층 창문에 바싹 붙어서 가연처럼 하늘을 보고 있었다. 가연은 꿀꺽 침을 삼켰다. 지난번에 본 그 할머니였다. 이 층에 살고 있는 게 분명했다. 하지만 아무도 가연의 말을 믿지 않았다.

"분명히 봤다니까! 동그란 안경을 쓰고 머리가 하얀 할머니였어. 우

리 집 이 층에 살고 있다니까."

"어머, 어떡하니? 하도 엄마 말을 안 들으니까 귀신이 너 잡아가려고 왔나 보다. 혼자 있을 때 조심해."

귀신이라니. 정말 귀신 씻나락 까먹는 소리다. 요즘 세상에 누가 귀신을 믿나. 가연은 이번에 꼭 이 층에 있는 할머니의 정체를 밝히겠다고 생각했다. 그런데 왜 가연의 눈에만 할머니가 보이는 걸까? 왜 다른 사람들은 할머니를 보지 못하는 걸까? 가연의 심장이 평소보다 두 배는 더 빨리 뛰는 듯했다. 가연은 현관문을 열고 집 안으로 들어섰다.

가연이 살고 있는 집은 오래된 이 층 목조 가옥이었다. 가연은 이 층으로 오르는 나무 계단 앞에서 우뚝 멈춰 섰다. 이 층에는 가 본 적이 없었다. 예전에 한번 올라가 보려고 했는데 나무 계단을 밟았다가 기겁을 하고 포기했다. 나무 계단이 귀신처럼 울었기 때문이다.

삐이이아악까깍! 뭐 이 정도 소리라고 생각하면 되겠다. 괴상한 소리와 함께 엄청난 먼지가 피어올랐다. 어지간히 담이 큰 가연도 그 뒤로는 이 층에 올라가 볼 엄두를 내지 못했다.

가연은 계단 앞에서 후후 심호흡했다. 이번에는 반드시 이 층에 있는 할머니의 정체를 밝히고 말 테다. 가연은 일부러 쿵쿵 발소리를 내며 계단을 밟았다. 먼지가 부옇게 솟아올랐다. 가연은 심장이 미친 듯 벌렁거리는 것을 느꼈다.

계단은 위로 올라갈수록 어두침침했다. 어두워서 잘 보이지는 않았지만 목이 답답한 걸 보니 먼지가 많은 모양이었다. 어둠이 짙어지는 만큼 가연의 심장도 빨리 뛰었다. 마침내 이 층 문에 당도했다. 여기 산 일

년 동안 한 번도 와 보지 않은 미지의 세계였다.

문의 은빛 손잡이가 희미하게 보였다. 문손잡이를 잡는 가연의 손이 파르르 떨렸다. 가연은 용기를 내어 문손잡이를 돌렸다. 문은 잠겨 있었다. 이리저리 문손잡이를 돌려 보았지만 소용없었다.

포기하려는 찰나 문손잡이가 빙그르르 돌더니 문이 열리기 시작했다. 가연이는 온몸에 소름이 쫙 끼쳤다. 결단코 가연이 문을 연 게 아니었다.

"누, 누구세요?"

대답 대신 열린 문 사이에서 폭포처럼 빛이 쏟아졌다. 빛 때문에 눈을 감는 그 짧은 순간 가연은 보았다. 동그란 안경 속의 눈이 가연을 보고 있는 것을. 가연은 눈을 질끈 감은 채 엉덩방아를 찧고 말았다.

가연이 천천히 눈을 떴을 때 주위는 눈부신 햇살뿐이었다. 동그란 안경을 쓴 할머니는 없었다. 하지만 누군가 문을 열었고, 가연은 분명히 그 할머니를 보았다.

"어, 어디 있어요? 나와요. 나오라니까!"

덜컥 겁이 나서 가연은 큰소리로 외쳤다. 하지만 어떤 대답도 들리지 않았다. 가연은 문틈으로 고개를 빼꼼 들이밀고 방 안을 살폈다. 할머니가 서 있던 창으로 가을 햇볕이 환하게 쏟아지고 있었다.

가연은 용기를 내 방 안으로 들어섰다. 가연은 그 할머니처럼 창가에 섰다. 하늘이 아래층에서보다 훨씬 가깝게 보였다. 아까 보았던 비행운은 희미하게 허공으로 흩어지는 중이었다.

가연은 방 안을 찬찬히 살피기 시작했다. 아래층 거실 넓이 정도의 방에는 양쪽으로 커다란 진열장이 놓여 있었다. 그 진열장을 가득 채운 것은 온통 모형 비행기였다. 정말이지 별의별 비행기가 다 있었다.

맨 위에 있는 것은 날개가 많은 비행기였다. 두 쌍씩, 총 네 개의 날개가 있었다. 가연은 손을 뻗어 진열장 문을 열었다. 진열장의 유리문은 늘 여닫기라도 했던 것처럼 아주 부드럽게 열렸다.

가연은 네 개의 날개를 가진 비행기를 향해 손을 뻗었다. 날개 끝이 손에 닿았다. 순간 가연은 비명을 내질렀다. 몸이 어디론가 쭉 빨려 드는 느낌이었다.

가연이 눈을 떴을 때 하얀 안개 같은 것이 밀려오고 있었다.

'저게 뭐지?'

몸을 내밀고 그것의 정체를 살피려던 가연의 눈에 그보다 먼저 둥그런 물체가 보였다. 꼭 비행기 앞부분 같았다. 가연이 좀 더 자세히 보기도 전에 안개가 둥그런 물체를 순식간에 에워쌌다. 차가운 공기가 느껴졌다. 안개가 아니라 구름인 것 같았다. 둥그런 물체가 완전히 구름에 잠긴 순간 가연의 몸이 마구 흔들렸다.

"우와와아!"

가연이 비명을 지르는 순간 그 모든 것이 사라졌다. 가연은 이 층 방 눈부신 빛 속에 서 있었다.

가연은 다시 비명을 지르며 미친 듯이 아래층을 향해 달렸다.

"아악! 귀신이다!"

나무 계단이 가연을 따라 비명을 지르며 귀신처럼 괴이하게 울었다.

학교에 가고 싶은 소녀

"정말이야. 이 층에 귀신이 있다니까!"

가연의 말을 귓등으로 흘려들으며 엄마는 자동차 트렁크에서 묵직한 상자를 꺼냈다. 상자에서 꺼낸 음식들을 옮기느라 엄마는 정신이 없었다. 가연은 엄마 허리춤을 붙잡고 졸졸 따라다녔다.

"얘가 정말 왜 이래?"

"왜 내 말은 안 믿는 거야? 나랑 같이 이 층에 가 보면 될 것 아냐!"

하도 서운해서 가연은 찔끔 눈물이 났다. 그제야 바삐 움직이던 엄마의 손이 멈췄다.

"얘가 대체 뭘 보고 이러는 거야?"

가연은 이 층으로 향하는 계단을 가리켰다.

엄마가 성큼성큼 계단을 올라갔다.

"뭐가 있다는 거야? 아무것도 없는데."

"문을 열어 봐. 방 안에 귀신이 있다니까. 정말이야."

엄마는 혀를 차며 문손잡이를 돌렸다. 그러나 문손잡이는 꼼짝도 하지 않았다.
"문도 잠겨 있는데 무슨 소리야?"
그야말로 귀신이 곡할 노릇이었다. 아까는 분명 문이 저절로 열렸고, 가연도 도망치느라 문을 잠글 생각조차 하지 못했다. 그런데 왜 문이 잠겨 있는 걸까? 계단을 내려온 엄마가 가연의 등을 찰싹 때렸다.
"바빠 죽겠는데 자꾸 헛소리할래?"
"아까는 분명 그냥 열렸는데."
"이 층에 있는 문은 우리가 이사 올 때부터 잠겨 있었어. 우리한테는 열쇠도 없고. 이제 네 방 가서 공부나 해."
엄마가 가연의 등을 떠밀었다.
책상 앞에 앉았지만 가연의 머릿속은 온통 이 층에서 겪은 일에 대한 생각뿐이었다.

"갈레야! 갈레야!"
어떤 아저씨가 큰 목소리로 소리치고 있었다.
'갈레? 갈레는 또 누구야? 여긴 또 어딘데?'
가연은 정신을 차리려고 고개를 세차게 서너 번 흔들었다.
알싸한 한약 냄새가 풍겨 왔다. 한 아이가 아궁이 앞에 쪼그려 앉아 있는 것이 보였다.
소리 높여 갈레를 부르던 아저씨가 총총걸음으로 다가왔다.
"갈레야. 너 또 어디다 한눈을 팔고 있는 거냐?"

 갈레라는 아이는 아저씨가 바로 곁에 다가온 것도 알지 못했다. 갈레가 코를 박고 보고 있는 것은 누렇게 변한 신문지였다. 아저씨가 혀를 차며 갈레의 등을 툭툭 두드렸다. 그제야 갈레가 자리에서 벌떡 일어났다.
 "이 녀석아, 불이 다 꺼졌잖아. 불을 때다 말고 한눈을 팔면 어떡해!"
 "죄송합니다, 반장님."
 갈레가 황급하게 장작을 아궁이에 넣고는 후후 바람을 불어 불씨를 되살렸다. 그 순간에도 갈레는 손에 쥔 신문을 놓지 않았다. 그런 갈레

를 아저씨가 안타까운 눈길로 바라보았다.
"또 신문을 읽고 있었던 게냐?"
갈례가 고개를 주억거렸다. 아저씨는 갈례를 도와 여러 아궁이의 불을 손보고 장작을 더 밀어 넣었다.
"네가 올해 몇 살이지?"
"열한 살이요."
"아직도 공부를 하고 싶은 게냐?"
갈례는 또 말없이 고개를 주억거렸다.

"아버지한테 말은 해 보았어?"

갈례가 이번에는 고개를 저었다. 아저씨는 갈례의 머리를 서너 번 쓰다듬었다. 그러고 혼잣말처럼 중얼거렸다.

"하기야 집안 살림이 오죽하면 부모님이 어린 너를 공장에 보내겠니? 게다가 여자아이를 학교에 보낼 결심을 하기도 쉽지는 않겠지."

갈례는 말없이 불이 활활 타오르는 아궁이만 바라보고 있었다.

그런 갈례를 애처롭게 바라보던 아저씨가 쾌활한 목소리로 말했다.

"갈례야! 신문에서 모르는 글자는 없었니?"

그 말을 듣자마자 갈례의 눈이 반짝, 아궁이 속의 불길보다 환하게 빛났다. 갈례는 얼른 누런 신문을 아저씨 앞에 들이밀었다.

"이 글자를 모르겠어요."

갈례가 가리킨 것은 가연도 모르는 한자였다.

"응. 그건 말이지. 손자 손(孫) 자란다. 그다음 글자는 알지?"

"예. 글월 문(文) 자예요."

아저씨가 기특하다는 듯 갈례의 머리를 쓰다듬었다.

"그럼, 이 손문이라는 사람이 누군지는 아니?"

갈례가 고개를 저었다.

"손문은 중국에서 혁명을 이끄는 운동을 하다 대통령이 된 사람이야. 이 기사는 손문이 원세개에게 밀려 대통령 자리를 물려주고 일본으로 갔다는 기사란다. 온 세상이 요동을 치고 있구나. 아이고, 내가 어린아이를 데리고 무슨 말을 하는 건지."

갈례는 초롱초롱한 눈으로 아저씨를 바라보며 다부지게 대꾸했다.

"무슨 말인지 저도 다 알아요. 우리나라도 지금 일본의 지배 아래 있잖아요."

아저씨가 얼른 손가락을 입에 대고는 쉿 하는 시늉을 했다.

"그래, 세상이 요동치고 있단다. 여자가 배워서는 안 된다는 생각도 머지않아 바뀌게 될 거야. 그러니 배우고 싶다는 생각을 포기해서는 안 된다. 알겠지?"

"네. 저는 열심히 공부해서 우리나라의 독립을 돕는 사람이 될 거예요."

아저씨가 흐뭇한 미소를 지으며 자리에서 일어났다.

아저씨가 저만치 멀어진 뒤 가연은 갈례를 나지막이 불렀다.

"얘! 얘! 갈례야!"

그러나 갈례는 불길이 약해지는 아궁이에 장작을 밀어 넣고는 다시 신문을 들여다보았다.

"얘! 대체 여기가 어디니?"

가연이 소리를 버럭 질렀지만 갈례는 돌아보지 않았다. 가연의 소리가 들리지 않는 모양이었다.

가연은 갈례가 있는 쪽으로 다가가려는 순간 소스라치게 놀랐다. 자신의 몸이 없었던 것이다.

'이건 꿈일 거야.'

가연은 놀란 가슴을 진정시켰다. 몸이 없으니 뺨을 꼬집어 꿈이란 걸 확인할 수도 없었다.

다른 사람들은 가연의 존재를 전혀 모르는 듯했다. 가연만 텔레비전을 보는 것처럼 벌어지는 상황을 볼 수 있었다. 아무튼 가연이 오래전 어떤 시간으로 이동한 건 분명했다. 일본이 우리나라를 지배하는, 여자가 교육을 받기 힘든 세상으로 말이다. 가연은 자신이 대체 이곳으로 어떻게 오게 된 것인지 짐작할 수 없었지만 흥미진진하기는 했다.

가연보다 체구가 더 작은 갈례는 종일 종종걸음으로 뛰어다녔다. 장작을 나르고 불을 때고, 자신의 팔뚝보다 긴 주걱으로 가마솥을 저었다. 갈례의 손은 여기저기 갈라지고 터져 있었다.

사방이 어둑어둑해질 무렵, 갈례는 무거운 양동이들을 나르기 시작했다. 세 번째 양동이를 들어 올리던 갈례가 비틀거리는가 싶더니 푹 고꾸라졌다.

"갈례야!"

주위 사람들이 갈례의 작은 몸을 마구 흔들었다. 그러나 몸이 축 늘어진 갈례는 정신을 차리지 못했다.

갈례가 정신을 잃은 채로 업혀 오자 놀란 어머니는 갈례를 방에 눕혔다. 급히 불려 온 의원이 갈례의 맥을 짚고 쯧쯧 혀를 찼다.

"어린아이가 몸을 너무 혹사했소이다. 맥이 거의 잡히지 않을 정도요."

의원은 고개를 절레절레 저었다.

이튿날 새벽부터 갈례네 집이 소란스러웠다. 새벽에야 집에 들어온 갈례 아버지가 술에 취해 소리를 고래고래 질렀던 것이다.

"가장이 왔는데 다들 나와 보지도 않고 뭐 하는 게야? 어서 나오지 못하느냐!"

갈례를 간호하던 어머니가 벌컥 문을 열고 소리쳤다.

"갈례가 다 죽게 생겼소! 어린 것이 가족들 먹여 살리겠다고 일을 하다 쓰러졌는데, 당신은 그 돈으로 술이나 마시고 노름이나 하고 다니니 좋소? 딸이라 필요 없으니 빨리 가라고 갈례라고 이름 짓더니만 당신 소원대로 정말 가게 생겼소."

그제야 갈례 아버지는 입을 다물었다. 충격을 받은 모양이었다. 갈례 아버지는 내내 갈례의 곁을 지켰다.

갈례는 몇 날 며칠 고열과 구토에 시달렸다. 갈례 아버지가 갈례를 붙잡고 소리쳤다.

"안 된다, 갈례야. 이대로 가면 나는 어쩌란 말이냐! 제발 눈 좀 뜨거라. 내 다시는 노름을 하지 않으마. 그러니 제발 눈을 뜨란 말이다."

갈례 아버지의 뜨거운 눈물이 갈례의 뺨 위로 뚝뚝 떨어졌다. 갈례가 힘없이 눈을 떴다. 무섭기만 하던 아버지가 자신을 끌어안은 채 울부짖고 있었다.

아버지가 방문을 열고 소리쳤다.

"죽을 가져오시오. 갈례가 정신을 차렸소."

어머니가 급히 상을 들여왔다. 아버지는 갈례의 몸을 일으켜 안은 채 죽을 한 숟가락씩 떠먹여 주었다. 갈례는 처음 보는 아버지의 모습이었다. 집안 사정은 뒷전이요, 늘 밖으로 나돌며 술이나 마시고 노름이나 하던 아버지였다.

그런 아버지가 자신에게 죽을 떠먹여 주고 있다니……. 아버지는 갈례가 죽을 다 먹자 조용히 물었다.

"갈례야. 그렇게 공부를 하고 싶으냐?"

다른 사람이 물었을 때는 바로 대답을 하던 갈례가 이번에는 아무 말도 하지 않았다.

"이제 공장에 나갈 필요 없다. 내년부터 학교에 가거라."

갈례가 벌떡 자리에서 일어나려다 어지럼증에 풀썩 쓰러졌다. 아버지의 눈가가 촉촉이 젖어 들었다.

"미안하구나. 내가 못나 어린 너를 공장에나 보내고."

"아니에요, 아버지. 제가 가족을 돕고 싶어서 간 걸요. 그런데 정말 학교에 가도 되는 거예요?"

아버지가 웃으며 고개를 끄덕였다.

입은 웃고 있었지만 아버지 눈에는 눈물이 그렁그렁했다.

"이제부터 네 이름은 갈례가 아니라 기옥이다. 나를 용서하거라. 그리고 앞으로는 네 꿈을 위해 열심히 살도록 해라. 이번에는 내가 무조건 너를 믿고 도와주마."

갈례가 와락 아버지의 품에 안겼다. 아버지는 앙상하게 마른 갈례의 등을 다정하게 토닥거렸다. 아버지의 품에 안긴 채 갈례는 권기옥, 권기옥 하고 자신의 새 이름을 몇 번이나 속으로 되뇌었다.

'세상에, 빨리 이 세상에서 가라고 딸 이름을 갈례라고 지었다니······.'

가연은 기옥의 이름에 얽힌 뜻을 생각하며 부르르 몸을 떨었다. 하지만 어디까지나 생각일 뿐 부르르 떨 몸이 없었다.

"가연아! 가연아!"

누군가 가연의 어깨를 흔들었다. 가연은 살포시 뜬 눈 사이로 엄마를 보았다.

"엄마, 오늘이 며칠이야? 응? 며칠이냐고?"

꿈이 너무나 길어서 가연은 현실의 시간도 그만큼 흘러갔을 것 같았다. 그러면 중간고사도 끝났을 텐데.

"얘가 왜 이래? 빨리 일어나지 못해! 오늘 시험이라며! 공부는 제대로 한 거야?"

엄마의 폭풍 같은 잔소리를 피해 가연은 얼른 화장실로 뛰어들었다.

시험은 물론 망쳤다. 공부를 하나도 하지 않았으니 당연한 결과였다. 아이들은 시험이 끝난 후에도 답안지를 맞추느라 정신이 없었다. 가연은 종례가 끝나자마자 집으로 달음박질쳤다. 시험이라 일찍 끝난 덕에 학원에 갈 시간까지 두 시간은 족히 남아 있었다.

가연은 아직 환한 낮인데도 온 집 안의 불을 환히 밝혔다. 그리고 이 층 계단 앞에 서서 심호흡을 했다. 한 걸음, 한 걸음 가연은 힘을 주며 발걸음을 내디뎠다. 귀신 따위, 어디 나타나 보라지. 가연은 가쁜 숨을 몰아쉬며 이 층 문손잡이를 돌렸다.

어제 엄마가 열 때는 분명 잠겨 있었는데 이번에는 힘없이 문손잡이가 돌아갔다. 삐거덕거리는 요란한 소리와 함께 문이 열리고, 어제처럼 환한 빛이 쏟아졌다. 가연에게만 열리는 문이라니 참 이상한 문이었다.

이 층은 어제와 똑같았다. 진열장마다 모형 비행기가 가득했다. 비행

기를 만져 보고 싶은 생각이 굴뚝같았지만 가연은 손을 대지 않았다. 어제 같은 경험을 또 하고 싶지는 않았다.

그러다 어느 진열장 앞에서 가연은 우뚝 걸음을 멈췄다. 그 칸에는 모형 비행기 대신 사진들이 놓여 있었다. 흐릿한 흑백 졸업 사진이 가장 먼저 가연의 눈에 띄었다. 가연은 깜짝 놀라 사진 앞으로 한 발 다가섰다. 사진 속 얼굴이 눈에 익었기 때문이다. 그 여학생은 바로 기옥이었다!

하늘에서 찾은 꿈

'기옥이다!'

하얀 저고리에 검은색 치마를 입은 기옥이 친구들과 손을 잡은 채 어디론가 걸어가고 있었다. 가연은 또 기옥이 살던 시대로 이동한 모양이었다. 그새 기옥은 전보다 더 자라 있었다.

"얘, 말이 되니? 쇳덩이가 하늘을 난다는 게?"

한 친구의 질문에 기옥이 다시 물었다.

"쇳덩이가 길을 달리는 건 말이 되고?"

"하긴 평양에 기차가 처음 달렸을 때 기절한 사람들이 많았다지?"

친구가 고개를 갸웃거리며 다시 물었다.

"아무리 그래도 하늘을 나는 쇳덩이라니. 정말 무서울 것 같아."

"무섭긴 뭐가 무서워? 기차랑 똑같은 탈것일 뿐이야. 그것도 사람이 만들어 내는 거라고."

말은 그렇게 했지만 기옥은 벌써부터 가슴이 두근거렸다. 하늘을 나는 쇳덩이라니. 기옥 역시 한 번도 비행기를 본 적이 없었다. 며칠 전부터 시내에는 아트 스미스라는 미국인이 곡예비행을 한다는 전단이 붙었다.

기옥과 친구들이 곡예비행을 보러 도착한 곳은 이미 구경하러 온 사람들로 가득했다. 그리고 날개 두 쌍이 달린 작은 비행기 한 대가 있었다. 제복을 입은 경찰들은 활주로로 사람들이 들어오지 못하도록 막고 있었다.

키가 작은 기옥은 앞이 잘 보이지 않았다. 까치발을 한 채 사람들 사이로 겨우 얼굴만 들이밀었다. 평양에 사는 사람은 모두 비행 구경을 나온 듯했다.

잠시 후 한 남자가 비행기에 올랐다. 아트 스미스였다.

"저 사람이 며칠 전 여의도에서 곡예비행을 했는데 오만 명이나 모여서 구경을 했대."

기옥이 친구의 귓가에 소곤거렸다.

"오만 명? 우와! 대단하다."

"여기도 몇만 명은 모인 것 같은데?"

사방이 사람들로 가득 차 기옥은 숨이 막힐 지경이었다.

비행기가 굉음을 내며 프로펠러가 엄청난 기세로 돌아가기 시작했다.

"에구머니나!"

프로펠러가 돌아가는 소리에 놀란 사람들이 귀를 막고 제자리에 털썩 주저앉았다. 울음을 터뜨리는 아이들도 많았다. 잠시 후 비행기가 하늘로 떠올랐다.

"어이쿠! 괴물이다!"

상투를 튼 할아버지가 비명을 내지르며 도망치기 시작했다.

수백 명의 사람들이 할아버지를 따라 꽁무니가 보일 새라 허겁지겁 도망쳤다. 그러나 기옥의 시선은 비행기에 박혀 있었다. 하늘로 올라가던 비행기가 바람에 떠밀렸는지 나뭇잎처럼 휘청거렸다.

"아!"

여기저기서 안타까운 신음 소리가 새어 나왔다.

"힘을 내!"

기옥이 주먹을 불끈 쥐고 외쳤다.

기옥의 고함을 들기라도 한 것처럼 비행기가 다시 하늘로 치솟았다. 그런데 잠시 뒤 까마득히 멀어지던 비행기가 방향을 돌려 땅으로 곤두박질치듯 내려왔다. 사람들 사이에서 비명이 터졌다.

추락하는 것 같던 비행기가 갑자기 다시 하늘로 날아올랐다. 그러고는 한 바퀴, 두 바퀴, 세 바퀴, 동그라미를 그리며 곡예비행을 했다. 땅 위에는 오직 침묵만 흘렀다. 꼴깍, 어디선가 침 삼키는 소리가 들렸다. 비행기는 새처럼 하늘을 자유자재로 날았다. 기옥의 심장이 터질 듯 두근거렸다.

조용한 가운데 어디선가 일본군을 박살 내는 독립군에 대해 수군거리는 소리가 들렸다. 독립운동을 하려면 중국 만주로 가야 한다고도 했다.

만주는 중국 어디쯤일까? 기옥은 한 번도 가지 않은 만주 벌판을 질주하는 꿈을 꾸곤 했다. 기옥은 더 넓은 세상을 보고 싶었다. 하늘을 나는 새처럼 자유롭게. 기옥은 새를 좋아했다. 봄이면 종달새가 푸른 창공으로 솟구치는 모습에 넋을 잃었고, 늦가을이면 기러기들이 따뜻한 남쪽으로 줄을 지어 날아가는 모습에 넋을 잃었다.

'내게도 새처럼 날개가 있다면 자유롭게 온 세상을 날아다닐 텐데…….'

기옥에게는 날개가 없었다. 만주에 갈 돈도 없었다. 여자라서 마음대로 공부조차 할 수 없었다.

푸른 하늘을 자유롭게 노니는 새를 볼 때마다 기옥은 옴짝달싹할 수 없는 자신의 처지가 더 답답하게 느껴졌다. 그런데 저 비행사는 날개 달린 새처럼 하늘을 마음대로 날고 있는 것이다. 기옥은 넋을 잃고 비행기를 바라보았다.

비행기가 흰 연기를 뿜기 시작했다.

S-M-I-T-H

하얀 연기로 그려진 글씨에서 기옥은 눈을 떼지 못했다. 그건 비행사의 이름이었다.

잠시 뒤 비행을 끝낸 비행기가 착륙했다. 곧이어 선글라스를 낀 비행사 아트 스미스가 모습을 드러냈다. 우레와 같은 함성이 사방에서 쏟아졌다. 기옥은 홀린 듯 비행사를 바라보고 있었다.

집으로 돌아가는 길 내내 기옥의 친구들은 조금 전에 본 곡예비행에 대해 조잘거렸다. 오직 기옥만이 입을 꾹 다물고 있었다.

"기옥아, 왜 그래? 곡예비행을 보러 가자고 한 건 너였잖아? 그런데 왜 아무 말이 없어? 신기하지 않았어?"

"결심했어."

그제야 기옥이 입을 열었다.

"결심하다니, 뭘?"

"나는 비행사가 될 테야."

친구들이 까르르 웃음을 터뜨렸다.

"기옥이 너, 정신이 있는 거야, 없는 거야? 여자가 어떻게 비행사가 되니?"

"그러게 말이야. 여자 비행사라는 말은 머리털 나고 처음 듣는다. 너는 들어 봤니?"

"아니."

그러나 기옥은 친구들이 비웃거나 말거나 아랑곳하지 않았다.

"나는 반드시 비행사가 되고 말 거야. 비행기를 몰고 일본이 만든 조선 총독부를 폭파할 거야. 두고 봐. 비행기만 있으면 조선 총독부……."

동시에 친구들의 웃음소리가 뚝 그쳤다. 친구들은 혹 누가 들을세라 기옥의 입을 틀어막았다.

한 친구가 주변을 살피며 기옥의 귀에 소곤거렸다.

"그렇지만 우리나라에는 비행기가 한 대도 없을걸? 어떻게 비행사가 되겠다는 거야?"

"그건 아직 몰라. 하지만 뜻이 있는 곳에 길이 있다고 했잖아? 반드시 길이 있을 거야. 이제부터 찾아봐야지."

기옥의 두 눈이 햇살에 반사된 비행기의 날개처럼 찬란하게 빛나고 있었다.

그 순간 누군가 가연의 엉덩이를 찰싹 때렸다.

가연은 다시 현실로 돌아왔다. 이 층에서 사진을 보다가 과거로 갔다고 생각했는데 어느새 침대에서 잠들어 있었다. 하지만 가연은 자신이 꿈을 꾼 것 같지 않았다. 과거의 어떤 순간으로 시간 여행을 다녀온 느낌이었다. 가연은 식탁 앞에서도 자꾸만 기옥이 떠올랐다.

"아빠, 조선 총독부가 뭐예요?"

신문을 읽으며 밥을 먹던 아빠가 멍하니 가연을 바라보았다. 그러고는 가연이 아니라 엄마에게 말했다.

"얘가 지금 뭐라는 거야? 조선 총독부가 뭐냐고 물은 게 맞아?"

"그런 것 같은데. 얘가 오늘 왜 이래? 깨워도 짜증도 안 내더니?"

"조선 총독부가 뭐냐니까?"

그제야 당황한 아빠가 신문을 내려놓고 가연을 보았다.

당황할 만도 했다. 가연이 아빠한테 그런 걸 물어본 적이 한 번도 없었으니까. 가연은 늘 황당한 질문만 하는 애였다. 아빠는 가연이 질문을 할 때마다 진땀을 흘리며 꽁무니를 뺐다. 엄마는 가연이 대답할 수 없고, 알아도 별 소용없는 것만 묻는다고 했다.

엄마와 아빠가 진지한 모습을 보니 이번 질문은 어른들이 대답할 수 있고, 소용도 있는 질문인가 보았다.

"옛날에 일본이 우리나라를 지배했던 사실은 알고 있지? 그때 우리나라를 지배하기 위해 일본이 설치한 통치 기구야. 쉽게 말하자면 일본이 우리나라에 세운 정부라고 하면 되겠네. 근데 우리 가연이가 그런 게 왜 궁금했을까?"

"꿈에……."

말을 하다 말고 가연은 얼른 입을 다물었다.

조선 총독부를 폭파하기 위해 비행사가 되기로 결심한 기옥이 얘기를 털어놓았다가는 이상한 애 취급이나 받을 게 분명했다.

"그냥. 어떤 책에서 읽었어."

"우리 가연이가 철들었나 보네. 평소 안 읽던 책을 다 읽고. 어떤 책을 읽었는데?"

"별것 아냐. 근데 아빠, 옛날에 아트 스미스라는 비행사가 우리나라에서 곡예비행을 했어?"

"글쎄다. 그건 아빠도 모르는 이야긴데?"

꿈이 아니라 진짜 있었던 일일지도 모른다고 기대했던 가연은 금세 시무룩해졌다. 기옥이 정말 있었던 사람인지 가연은 너무나 궁금했다.

식탁에서 스마트폰 보는 것을 질색하는 아빠가 웬일로 스마트폰을 꺼내더니 뭔가 검색하기 시작했다.

"오랜만에 우리 딸과 진지한 대화를 나누는데 여기서 포기할 순 없지. 아, 여깄다!"

"있어? 정말?"

가연이 쪼르르 아빠 곁으로 달려갔다.

"우리나라 최초의 여자 비행사 권기옥이 스미스의 곡예비행을 보고 비행사가 될 꿈을 키웠다는데? 1917년에 있었던 일이니까 정말 옛날이야기네."

"권기옥? 기옥이 성이 권 씨였어?"

아빠가 가연을 이상한 눈으로 쳐다보았다. 가연은 얼른 입을 다물고 아빠의 스마트폰을 낚아챘다. 가연은 밥 먹는 것도 잊고 검색한 자료를 읽기 시작했다.

권기옥, 기옥의 어릴 때 이름은 갈례였다고 했다. 가연의 심장이 두근거렸다. 그러니까 가연이가 본 것이 꿈이 아니라 진짜 있었던 일인 것이다. 가연은 신기하고 어리둥절했다. 기옥이 정말 오래전에 살았던 사람이라니.

누구에게든 말하고 싶어 입이 근질거렸지만 가연은 이 모든 것을 비밀로 해 두기로 했다. 부모님도 친구들도 믿지 않을 게 뻔했다. 또 누군가에게 말하는 순간, 가연만의 신비로운 경험이 사라져 버릴지도 몰랐다.

가연은 기옥에 대해 좀 더 알고 싶었다. 기옥이 어떻게 꿈을 이뤘는지 정말 궁금했다. 곡예비행을 같이 본 친구들까지 비웃은 꿈이었다. 그런데도 기옥은 우리나라 최초의 여자 비행사가 된 것이다. 대체 기옥은 어떤 길을 찾은 것일까?

대한 독립 만세

기옥은 친구들과 머리를 맞대고 뭔가를 만드는 중이었다. 태극기였다. 기옥은 곡예비행을 보던 날보다 훌쩍 키가 커 있었다. 그사이 기옥에게는 몇 년의 시간이 흐른 듯했다. 가연에게는 고작 이틀 밤이 지났을 뿐인데.

한 친구가 허리를 펴고 기지개를 켰다.

"에구구. 허리 아파. 배가 등에 붙었어. 뭘 좀 먹고 하면 안 될까? 우리 아침도 굶었잖아."

"안 돼. 몇 개라도 더 만들어야지."

기옥은 친구의 청을 단호하게 거절하고 더 부지런히 손을 놀렸다.

"그런데 기옥아. 정말 경성에서도 똑같은 시간에 만세 운동이 시작되는 거야?"

"그래. 신홍식 목사님께서 그렇게 말씀하셨어. 경성뿐만 아니라 전국에서 동시에 만세 운동이 벌어진다고."

"드디어 우리 민족이 들고일어나는구나. 이런 날이 반드시 올 줄 알았어. 드디어 우리 송죽회가 할 일을 하는 거야. 독립 비밀 결사대라고는 하지만 독립을 위해 큰일을 하지 못하는 것 같아서 마음이 무거웠거든."

기옥을 비롯한 소녀들은 모두 고개를 끄덕이고는 다시 태극기 만들기에 몰두했다.

태극기를 만들고 있는 소녀들은 숭의여학교 학생들이었다. 이들은 교사인 박현숙의 영향을 받아 우리나라의 독립을 위해 활동하는 비밀 모임인 송죽회에 가입해 활동하고 있었다.

잠시 후 한 친구가 물었다.

"그런데 이 태극기를 어떻게 만세 운동을 할 장소까지 나르지?"

누구도 선뜻 입을 열지 못했다. 잠시 후 기옥이 무릎을 쳤다.

"왜? 좋은 생각이 났어?"

다른 친구들이 눈을 반짝이며 물었다.

"응. 속바지에 태극기를 숨겨 가면 어떨까?"

"속바지?"

"그래. 제아무리 일본 경찰이라고 해도 여자의 치마 속까지 검사하지는 않을 것 아냐?"

"그렇네!"

한 친구는 고개를 끄덕였다. 기옥이 반짇고리를 뒤적이기 시작했다.

"뭘 찾는 거야?"

"고무줄."

"고무줄은 왜?"

"태극기가 흘러내릴지도 모르니까 속바지 밑단을 고무줄로 묶어야겠어."

여학생들은 자기 앞에 수북이 쌓인 태극기들을 한데 모았다. 기옥은 태극기 한 묶음을 속바지 속에 잔뜩 넣은 뒤 속바지 밑단을 고무줄로 칭칭 감았다.

"너무 세게 감은 것 아냐? 피도 안 통하겠어."

"흘러내려서 일본 경찰에게 들키는 것보다 낫지. 잠시 피 좀 안 통한다고 죽기야 하겠니?"

기옥의 말에 다른 친구들 또한 속바지에 태극기를 숨겼다.

"가자!"

기옥과 친구들은 기숙사를 나서서 걷기 시작했다.

한복 입은 사람들 사이로 간혹 양복을 차려입은 남자들도 보였다. 가연은 눈길 닿는 곳마다 신기해하며 바라보았다. 1919년의 평양 거리는 많은 사람들로 북적거렸다. 대장간에서는 차가운 날씨에도 소맷자락을 걷어붙인 남자가 새빨갛게 달아오른 쇠를 탕탕 두드리고 있었다.

기옥을 비롯한 송죽회 회원들은 사방을 살피며 숭덕학교 지하실로 들어섰다. 곧 지하실에는 송죽회 회원들이 운반한 태극기가 수북이 쌓이게 되었다.

잠시 후 오후 12시를 알리는 종이 울렸다. 송죽회 회원들은 태극기를 가득 안고 운동장으로 나갔다. 어느새 수많은 사람들이 운동장에 모여 있었다. 기옥은 사람들 사이를 헤치고 다니며 태극기를 하나씩 나눠 주었다. 운동장에 모인 사람들이 계속해서 늘어났다.
 1시가 되자 한 목사가 단상에 올랐다.
 "3월 1일, 이곳 평양 숭덕학교에서 독립 선언식의 개회를 선언합니다!"
 사람들이 일제히 함성을 지르며 태극기를 흔들었다. 이어서 김선두 목사가 단상에 섰다.
 "구속돼 천 년을 사는 것보다 자유를 찾아 백 년을 사는 것이 의의가 있습니다. 오늘 전국 각지에서 수많은 조선인들이 죽음을 각오하고 독립을 선언하기 위해 모였습니다. 일제의 어떤 탄압도 독립을 향한 우리 조선인의 의지를 꺾을 수는 없을 것입니다. 자, 이제 독립 선언문을 낭독하겠습니다."
 사람들이 숙연해졌다. 눈물을 흘리는 사람들도 적지 않았다.
 가연은 한자 때문에 무슨 말인지 정확히 알 수는 없었지만 조선이 일본의 식민지가 아니라 독립국이라는 의미 같았다. 긴 독립 선언문 낭독이 끝나자 또 다른 목사가 단상에 올라 대한 독립 만세를 삼창했다.
 "대한 독립 만세! 대한 독립 만세! 대한 독립 만세!"
 목청 높여 만세를 외친 사람들은 숭덕학교를 빠져나가 시내로 향했다. 시내가 가까워질수록 태극기를 흔드는 사람들의 숫자가 늘어났다. 기옥은 만세 행렬의 맨 앞에 서 있었다.
 "조선인들을 닥치는 대로 잡아들여라!"
 저만치서 일본 경찰들이 곤봉을 휘두르며 달려왔다. 그러나 만세 행렬은 멈추지 않았다.

"대한 독립 만세!"

일본 경찰이 만세를 부르는 한 남자의 머리를 곤봉으로 후려쳤다. 붉은 피가 사방으로 흩날렸다. 뜨거운 핏방울이 기옥의 하얀 저고리 위로 튀었다. 기옥은 일본 경찰의 눈을 똑바로 응시하며 단호한 목소리로 소리쳤다.

"대한 독립 만세!"

두 명의 경찰이 기옥을 향해 달려들었다. 한 경찰이 기옥의 머리채를 휘어잡았다. 질질 끌려가면서도 기옥은 대한 독립 만세를 부르며 태극기를 휘둘렀다.

"지독한 것!"

뒤따라오던 경찰이 기옥의 배를 냅다 걷어찼다. 억 소리를 지르며 기

옥은 정신을 잃었다.

기옥이 눈을 뜬 곳은 평양 경찰서 유치장이었다. 유치장은 만세를 부르다 끌려온 사람들로 발 디딜 틈이 없었다.

"기옥아! 정신이 들어?"

같이 태극기를 만들던 선부라는 여학생이 반갑게 소리쳤다. 기옥이 얼른 선부의 입을 틀어막았다. 그러고는 나지막이 선부의 귓가에 속삭였다.

"우리가 아는 사이라는 것을 들켜서는 안 돼. 우리는 그냥 같은 학교에서 얼굴만 아는 사이인 거야? 알았지? 송죽회나 목사님에 대해서는 입도 벙긋해서는 안 돼. 목숨을 걸고라도 다른 사람들을 지켜야 해."

선부가 단호한 얼굴로 고개를 끄덕였다.

잠시 후 일본 경찰이 기옥을 유치장 밖으로 끌어냈다.

"신분을 밝혀라."

"나는 숭의여학교 학생 권기옥이다."

"너, 시위할 때 맨 앞에 서 있었지? 시위에서 무슨 역할을 맡았나? 어느 모임 소속인가?"

"내 소속은 조선이다. 조선인이 조선 독립을 외쳤을 뿐이다."

"지독하군! 조선인은 맞아야 정신을 차린다더니 맞아야 털어놓겠다는 거냐? 좋아. 모든 사실을 불 때까지 죽도록 패라!"

일본 경찰들이 우 몰려들어 기옥을 발로 짓밟기 시작했다.

"사람 살려!"

가연은 목청껏 외쳤지만 이번에도 가연의 목소리를 들을 수 있는 사람은 없었다. 몸이 없으니 가연이 도와줄 수도 없었다. 기옥이 땅바닥으로 나뒹굴었다. 발길질이 이어지고 기옥의 입과 코가 터져 피가 튀었다. 가연은 우왕 울음을 터뜨렸다.

"가연아! 얘, 일어나!"

놀란 엄마 얼굴이 보였다.

가연은 꿈에서 깨어난 걸 알았는데도 울음을 멈출 수 없었다.

"얘가 대체 무슨 꿈을 꾼 거야? 괜찮아. 꿈이야. 그만 울어. 엄마 여기 있잖아."

엄마의 다정한 말에 가연은 조금씩 마음이 가라앉았다. 하지만 피 흘리던 기옥의 모습이 도무지 잊히지 않았다.

가연은 벌떡 일어나 컴퓨터로 달려가 꿈속에서 본 내용을 찾아보았다.

가연이 본 만세 운동은 유관순이 만세를 불렀던 바로 그 3·1 운동이었다. 송죽회를 지키기 위해 온몸으로 매를 맞은 기옥은 그때 고작 열아홉 살, 가연보다 꼭 여덟 살이 많았다. 가연은 기옥이 정말 대단하다고 생각했다. 열아홉이 되어도 가연은 절대 기옥처럼 용감할 수 없을 것 같았다.

가연은 학교에서 하루 종일 기옥에 대해 생각했다. 기옥은 가연과 같은 나이에 공장에서 일하면서도 배우고 싶다는 꿈을 잃지 않았다. 그런데 가연은 늘 딴생각만 하고 있었다. 공부를 하려고 교과서를 들여다보았지만 어느새 가연의 생각은 또 다른 곳을 헤매고 있었다.

평소라면 가연은 선생님의 종례가 끝나기도 전에 가방을 꾸리고, 제일 먼저 벌떡 일어나 갔을 것이다. 그런데 오늘은 수업이 끝났는데도 어쩐지 즐겁지 않았다. 가연은 자신이 자꾸 한심하게 느껴졌다.

힘없이 대문을 열고 들어서던 가연은 환호성을 질렀다. 할아버지가 마당을 서성이며 가연을 기다리고 있었기 때문이다.

"할아버지!"

할아버지는 와락 안기는 가연을 번쩍 들려다 '끙' 하고는 내려놓았다. 가연이 부쩍 큰 탓이었다. 가연이 더 어렸을 때 할아버지는 가연을 머리 위로 번쩍 들어 올려 주고는 했었다.

가연은 할아버지가 세상에서 제일 좋았다. 공부하라는 말을 하지 않는 유일한 어른이었다. 할아버지가 올 때면 가연은 학원에도 가지 않았다. 엄마가 가연에게 공부하라고 할 때마다 할아버지는 '공부는 자기가 좋아서 해야지. 누가 시켜서 하면 공부가 되나?'라며 가연의 편을 들었다.

"할아버지, 이번엔 얼마나 오래 계실 거예요?"

"왜? 오래 있다 갈까?"

"네!"

그러나 할아버지는 매번 농사일이 바쁘다며 길어야 이틀 머물렀다. 이번에도 분명 누구 결혼식 때문에 왔다가 내일이면 시골에 내려갈 것이다.

"아쉬워 어쩌냐. 내일이면 농사일 때문에 다시 가야 하는데."

그럴 줄 알았다. 가연은 할아버지가 세상에서 제일 좋은데, 할아버지는 농사가 세상에서 제일 좋은 모양이었다.

"대신 오늘은 종일 우리 가연이랑 놀아 주마."

가연이 학원에 가지 않아도 된다는 뜻이었다. 할아버지가 얘기하면 엄마도 어쩌지 못했다.

"할아버지는 몇 년도에 태어나셨어요?"

"1940년. 그런 건 왜 묻는 게야?"

"그럼, 할아버지도 일제 강점기에 태어나신 거네요?"

"그렇지. 여섯 살이었지만 우리나라가 독립했을 때가 눈에 선한 걸. 사람들이 태극기를 들고 춤을 추며 사방팔방 뛰어다녔지."

"독립이 그렇게 좋은 거예요?"

"좋고말고."

"뭐가 그렇게 좋은데요?"

할아버지는 가만히 가연의 눈을 들여다보았다. 가연이 이해하기 쉽게 말을 하려고 할 때마다 할아버지는 그렇게 하고는 했다.

"생각해 보렴. 너를 힘으로 억압하던 사람이 사라지면 좋겠니, 안 좋겠니?"

"당연히 좋죠."

"그렇지. 일제 강점기 때 일본은 우리보다 힘이 세다는 이유로 곡식이나 자원 등 우리나라에서 나거나 있는 것을 죄 빼앗아 갔지. 힘없는 우리나라 사람들은 일본 군대에 끌려가 남의 전쟁에서 총알받이가 되어야 했어."

"우리나라 사람들은 가만히 있었어요?"

"우리도 빼앗기지 않으려고 있는 힘껏 싸웠지. 유관순 같은 독립운동가의 이야기는 들어 봤지? 그렇게 우리나라의 독립을 위해 싸운 사람들이 많단다. 내가 좋아하는 누이 중에도 독립투사가 있었는걸?"

"예? 그게 누군데요?"

"권기옥 누이라고 있어. 너는 모를 테지만."

"알아요! 우리나라 최초의 여자 비행사잖아요!"

"그래. 학교에서 배운 모양이로구나."

할아버지에게는 자신이 겪은 일을 다 털어놓고 싶었지만 가연은 입을 꾹 다물고 얼른 고개를 끄덕였다.

"나는 어릴 적 기옥 누이 이웃에 살았단다. 씩씩하고 아이를 아주 좋아하는 다정다감한 누이였어. 내가 막냇동생 같다고 특별히 예뻐했지.

누이가 우리나라 공군을 만든다고 바쁠 때였는데, 하루는 누이가 모는 비행기에 나를 태워 주지 않았겠니?"

할아버지는 과거를 떠올리며 이야기를 계속 이어 나갔다.

"나는 난생처음으로 탄 비행기가 무서워서 울었지만, 누이가 멋지게 조종하는 모습을 보고 뚝 울음을 그쳤지. 누이가 기특하다고 머리를 쓰다듬어 줬던 게 기억나네. 참 대단한 양반이었어."

우리나라 최초의 여자 비행사가 모는 비행기를 탔다니……. 가연은 할아버지가 대단한 사람 같았다. 자신과 상관없다고 생각했던 과거가 타임머신을 타고 눈앞에 훌쩍 나타난 느낌이었다.

"참, 이 집이 바로 기옥 누이의 집이란다. 누이가 죽을 때까지 살던 집이야. 누이가 죽기 전에 몇 차례 온 적이 있었지. 아마 이 층에는 누이 물건들이 잔뜩 쌓여 있을 텐데."

그제야 가연은 지금까지 있었던 이상한 일들이 다 이해가 됐다. 비행기가 나타날 때마다 이 층 창문에서 보였던 머리 하얀 할머니며, 기옥의 꿈까지.

다음 날 오후, 가연은 성큼성큼 이 층으로 올라갔다. 지난번과 달리 무섭다는 생각이 전혀 들지 않았다. 이번에도 문은 기다렸다는 듯 스르륵 열렸다. 가연은 진열장 문을 열고 지난번에 만졌던 비행기를 향해 손을 뻗었다.

이번에는 또 어떤 모험을 하게 될까? 가연의 심장이 두근거렸다.

항공 학교 입학

가연은 걷고 있는 중이었다. 등이고 허리며 아프지 않은 곳이 없었다. 가연은 재빨리 생각했다. 이건 꿈이 아니다. 꿈속에서는 몸이 없었다. 기옥이나 다른 사람들 또한 가연을 보지도 만지지도 못했다. 그런데 아프다는 것은 느낄 수 있는 몸이 있다는 뜻이었다.

가연은 뚜벅뚜벅 걷고 있는 제 발을 쳐다보았다. 얼마나 많이 걸었는지 신발 앞코가 다 해진 상태였다. 상의와 하의가 분리되지 않은 작업복 같은 옷을 입고 있었다. 어쩐지 자기 다리나 팔 같지가 않았고 키도 훨씬 커져 있었다.

"여보시오. 여기 말 빌리는 데가 어디오?"

가연이 생각한 것도 아닌데 가연의 입으로 말이, 그것도 중국어가 줄줄 흘러나왔다.

'이게 어찌 된 일이지?'

가연이 생각하고 있는 사이 가연의 몸은 행인이 가리키는 곳을 향해 걷기 시작했다.

"말을 빌리러 왔소. 곤명까지 가려 하오."

또다시 가연이 생각하지 않은 말이 나왔다. 기옥의 목소리였다. 가연

이 기옥의 몸속으로 들어온 모양이었다.
 말을 빌려주는 사람이 기옥의 뒤를 이리저리 살폈다. 그러고는 고개를 갸웃거렸다.
 "일행은 어디 있소? 말을 몇 필이나 빌릴 거요?"
 "나 혼자요."
 물어본 사람은 깜짝 놀라 고개를 절레절레 흔들었다.
 "말도 안 되는 소리! 여자 혼자 그 험한 길을 어떻게 간다는 말이오? 소문도 못 들었소? 곤명에 가기 위해 넘어야 하는 산은 하도 험해서 산적도 가지 않는 곳이오."
 "걱정하지 마시오. 상해에서 홍콩을 거쳐 베트남으로 갔다 다시 여기까지 왔소. 그깟 산 하나를 못 넘겠소? 산적이 없다니 다행이오."
 '미쳤어!'
 가연은 소리치려 했지만 기옥의 입술은 움직이지 않았다.
 '이제 네 몸만이 아니라고! 내 몸이기도 해. 네가 다치면 나는 영원히 현실로 돌아가지 못할지도 몰라!'
 그러나 기옥은 가연의 생각을 전혀 알지 못했다. 가연에게는 기옥의 말과 생각이 다 느껴지는데 말이다.

가연이 무슨 생각을 하든 말든 기옥은 훌쩍 몸을 날려 말 위에 탔다. 한두 번 타 본 솜씨가 아니었다. 3·1 운동을 한 뒤에 기옥에게는 또 어떤 일들이 있었던 것일까? 기옥은 그토록 가고 싶던 학교에 가고 독립 운동을 하더니 이제 중국까지 와서 또 무슨 일을 시작하려는 모양이었다.

'나는 그사이에 무엇을 했더라?'

아무것도 한 게 없었다. 가연은 자신이 정말 한심했다.

"길이나 제대로 알려 주시오."

"저기, 저 길 보이오? 저 길로 쭉 가서 몇 개의 산을 더 넘어야 하오. 중간에 쉴 곳도 잘 곳도 없소. 그러니 준비 단단히 하고 가야 할 게요. 어쩌면 호랑이를 만날지도 모르지."

'호랑이라고? 동물원에서나 보던 그 호랑이 말이야?'

가연은 그만 집으로 돌아가고 싶었다. 기옥의 삶이 아무리 궁금해도 호랑이를 만나는 모험을 하고 싶진 않았다. 그러나 가연과 달리 기옥은 호탕한 웃음을 터뜨렸다.

"호랑이가 나타나면 때려잡으면 되지요."

기옥은 말 머리를 돌려 힘차게 달리기 시작했다.

'운남 육군 항공 학교에서는 나를 받아 줄까? 아니, 꼭 입학 허가를 받고야 말겠어.'

이건 기옥의 생각이었다. 가연은 기옥의 생각이 자기 생각인 듯 다 읽혔다. 기옥은 산적도 찾지 않는다는 험한 산을 혼자 넘어서 어떻게든 항공 학교에 입학하려는 것이었다.

당시 중국에는 항공 학교가 네 개였는데 기옥은 이미 두 곳의 항공 학교에서 입학을 거절당했다. 여자라는 이유 때문이었다. 이제 남은 곳은 운남 육군 항공 학교와 광동 항공 학교였다. 그런데 광동 항공 학교에는 비행기가 한 대도 없었다. 비행기도 없는데 비행 훈련을 제대로 받을 수 있을 리 만무했다.

기옥에게는 운남 육군 항공 학교가 비행사가 될 수 있는 마지막 기회였다. 기옥은 말을 달리며 가슴에 품은 추천장을 어루만졌다. 상해에 있는 대한민국 임시 정부에서 써 준 추천장이었다. 기옥은 임시 정부의 이시영에게 운남 육군 항공 학교가 있는 곳의 성장(중국 각 성의 행정 책임자) 당계요를 만날 수 있게 추천장을 써 달라고 조르던 순간을 떠올렸다.

"이미 항공 학교에서 두 번이나 거절당하지 않았나? 독립운동에는 여러 가지 길이 있다네. 기어이 비행사가 되어야 하겠나?"

"예. 꼭 비행사가 되어야겠습니다. 아시지 않습니까? 일본은 우리보다 몇 배는 강한 군사력을 갖고 있습니다. 일본을 이기려면 저희도 강한 군사력을 갖춰야 합니다. 비행기만 있으면 많은 일이 가능합니다. 비행기를 타고 일본으로 날아가 황궁을 폭파할 수도 있습니다. 지금 우리에게 가장 필요한 것은 비행기와 그것을 몰 수 있는 비행사입니다."

"이번에도 거절당하면 어쩌려고?"

"당계요는 일본에 대한 적개심이 강하다고 들었습니다. 일본을 무찌르겠다는 제 결의를 보면 항공 학교 입학을 허락할 겁니다. 아니, 허락할 때까지 절대 물러서지 않겠습니다."

그제야 이시영은 추천장을 써 주었다.

기옥은 힘을 내어 말을 몰았다. 잠시도 쉬지 않았다. 가연은 엉덩이가 굉장히 아팠다. 숲이 울창해서 금세 해가 저물기 시작했다. 그래도 기옥은 말을 멈추지 않았다.

'호랑이도 있다는데 제발 좀 멈춰!'

가연이 생각했지만 기옥은 가연의 생각을 전혀 알지 못했다.

어두워져서 길이 전혀 보이지 않을 즈음에야 기옥은 말을 멈췄다. 그리고 불을 피웠다. 어딘가에서 동물의 소름 끼치는 울음소리가 들렸다. 가연은 불을 쬐는 얼굴은 뜨거웠지만 등은 얼어붙은 듯 차갑게 느껴졌다.

기옥은 말 등에 걸쳐 두었던 가방을 꺼냈다. 안에 든 것은 옷가지와 딱딱한 빵, 고기를 말려서 만든 육포였다. 기옥은 열심히 먹었지만 가연은 아무 맛도 나지 않았다. 가연이라면 퉤 뱉어 버렸을 것이다.

식사랄 것도 없는 식사를 하고 기옥은 타닥타닥 타오르는 불꽃을 보며 생각에 잠겼다.

'부모님은 고향에 잘 계실까? 언니와 동생들은? 나는 왜 낯선 중국 땅에서 외로운 밤을 보내고 있을까? 나는 왜 하필 일본의 식민지인 조선에서 태어났을까?'

기옥은 생각을 떠올렸다가 세차게 머리를 저었다. 부모도 나라도 태어나면서 선택할 수 있는 것은 아니었다. 자신은 어떻게든 더 나은 내일을 만들기 위해 노력할 수 있을 뿐이었다.

곧이어 떠오른 기옥의 기억에 가연은 부르르 몸을 떨었다. 기옥은

3·1 운동 뒤에도 일본 경찰에게 다시 붙잡힌 적이 있었다. 독립운동 자금을 모아 임시 정부에 보낸 일 때문이었다. 기옥에게 임시 정부에 대한 정보를 캐내기 위해 일본 경찰은 모진 고문을 했다.

　기옥은 끝내 임시 정부에 대해 아무것도 얘기하지 않았다. 증거가 없으니 일본 경찰도 더는 기옥을 붙잡아 둘 명분이 없었다. 반년 만에 풀려난 기옥은 일본 경찰의 감시를 피해 배를 타고 중국으로 도망쳤다.

　난생처음 배를 탄 기옥은 중국에 도착할 때까지 멀미 때문에 수십 번 토하며 배 바닥을 굴러다녔다. 그런 기억들을 떠올리던 어느 순간, 기옥의 머리가 툭 옆으로 기울었다. 가연도 졸렸다. 가연에게는 기옥의 몸으로 보낸 오늘이 가장 힘든 날이었다.

　기옥은 푸르스름한 빛이 나뭇가지 사이로 어렴풋이 새어 드는 새벽, 번쩍 눈을 떴다. 불꽃 또한 수그러들고 있었다. 기옥은 남은 불씨를 야무지게 발로 비벼 끈 뒤 날렵하게 말 등에 올랐다.

　"이랴!"

　기옥은 밝아 오는 새벽 속으로 힘차게 말을 몰았다.

　곤명에 도착한 기옥은 성장 당계요를 만나러 갔다. 이시영이 써 준 임시 정부의 추천장을 보고 당계요는 기옥을 만나 줬다.

　"그래, 조선 여성이 이 먼 곳까지 어쩐 일인가?"

　"운남 육군 항공 학교에 입학하기 위해 왔습니다. 도와주십시오."

　당계요는 헛기침을 하며 추천서를 탁자에 내려놓았다.

　"비행술을 배우는 것은 남자에게도 힘들다는 걸 모르나? 남자들 중에서도 체력이 따라 주지 않아 중간에 탈락하는 사람이 적지 않다고 하더군. 고생해서 먼 길을 왔을 텐데 나로서도 방법이 없네."

기옥은 당찬 눈빛으로 당계요를 쳐다보며 또박또박 말했다.

"나라를 되찾으려는 노력에 남자, 여자가 어디 있겠습니까? 저는 지금까지 오직 조국 독립을 위해 살아왔습니다. 그러니 기회를 주십시오."

"뜻은 가상하나 한 나라의 독립이 어찌 뜻으로만 이루어지겠나?"

"먼저 뜻이 있어야 길을 찾을 수 있지 않습니까? 일본은 우리보다 앞서 새로운 기술을 받아들여 부강해졌고, 그 기술을 앞세워 우리나라를 침략했습니다. 그러니 조선도 하루빨리 새로운 기술을 받아들여야 합니다. 앞으로는 전쟁에서 비행기가 큰 역할을 할 것입니다. 제가 비행사가 되려고 마음먹은 것도 바로 그 때문입니다."

당계요가 묘한 눈빛으로 기옥을 응시했다.

기옥은 당당하게 가슴을 편 채 당계요의 시선을 피하지 않았다. 당계요의 시선이 기옥의 발을 향했다. 기옥의 신발은 배와 기차, 말 등 온갖 것을 타고 걸으며 먼 길을 오는 동안 너덜너덜해져 신발이라고 할 수도 없을 지경이었다.

"뜻이 있어야 길을 찾는다. 그야 그렇지. 그러나 그 길이 자네를 허락하지 않는 것 같군. 그만 돌아가게."

당계요가 자리에서 일어났다. 그러나 기옥은 꿈쩍도 하지 않았다.

"그 길이 저를 허락하도록 만들면 되지요. 저는 학교조차 갈 수 없는 환경에서 자랐습니다. 하지만 포기하지 않으니 길이 열리더군요. 이번에도 반드시 길을 열고야 말 겁니다."

당계요가 퇴근을 준비하는데도 기옥은 움직일 생각을 하지 않았다.

"이곳은 밤이 되면 여간 추운 게 아니라네. 여기서 혼자 버틸 작정인가?"

"예. 성장님께서 입학 허가서를 써 주실 때까지 저는 이 자리에서 움직이지 않을 겁니다."

가연은 한숨을 내쉬었다.

지난 며칠간 기옥은 온갖 짐승 소리가 들리는 숲에서 자는 둥 마는 둥 밤을 지냈다. 가연은 오늘은 따뜻하고 편안한 방에서 자는 줄 알았는데 그러기는 틀린 모양이었다.

기옥은 그날 밤 의자에 앉은 채 미동도 하지 않았다. 기옥이라고 힘들지 않을 리 없었다. 험한 산길을 몇 날 며칠 말을 타고 달리느라 기옥의 엉덩이는 피부가 벗겨져 진물이 흐르고 있었다. 그런데도 기옥은 기지개 한 번 켜지 않았다. 가연은 온몸이 아프고 배도 고팠다. 그만 집으로 돌아가고 싶었다. 그런데 어떻게 돌아갈 수 있는지 그 방법을 알 수 없었다.

"애! 가연아! 너 왜 여기서 자고 있어? 얼마나 찾았는지 알아? 학원은 또 빼먹은 거야?"

엄마의 잔소리가 들리는 것을 보니 현실로 돌아온 모양이었다. 정신을 차려 보니 가연은 날개가 두 쌍인 비행기를 손에 쥔 채 바닥에 널브러져 있었다. 바로 곁에 있는 엄마의 목소리가 깊숙한 숲에서 들리던 들짐승의 울음소리처럼 멀게 느껴졌다.

조금 전까지만 해도 너무 힘들어서 현실로 돌아오고 싶었는데, 가연은 어느새 기옥의 상황이 궁금해졌다.

'당계요는 과연 기옥의 항공 학교 입학을 허락해 주었을까? 조금만 더 거기 있었으면 알 수 있었을 텐데 엄마는 왜 하필 그때 깨워서······.'

"너는 대체 무슨 생각을 하고 있는 거야? 이 층은 왜 자꾸 기웃거려? 학원은 왜 빼먹은 거야?"

그때 아래층에서 전화벨이 울렸다. 엄마가 서둘러 아래층으로 내려갔다.

"누구시라고요? 영진이? 맨날 나머지 공부하던 송영진이란 말이야?"

엄마는 누군가와 반갑게 통화 중이었다. 엄마의 어릴 적 친구인 듯했다.

"나? 나야 집에서 살림하고 살지. 너는? 너는 뭐 하고 사니? 결혼은 했어? 애는 있고?"

엄마는 몇 년 전부터 마트에서 계산원으로 일하고 있다. 그 얘기는 하지 않고 질문을 쏟아붓던 엄마가 어느 순간 조용해졌다.

"뭐? 교수? 네가 교수가 됐어?"

그렇게 물은 뒤로 엄마는 입을 꾹 다물었다.

"그래. 언제 봐야지."

처음의 반가움에 비해 통화는 싱겁게 마무리됐다.

엄마의 한숨 소리가 이 층까지 들렸다. 가연은 살금살금 발소리를 죽이고 아래층으로 향했다.

이럴 때 엄마한테 걸리면 잔소리를 몇 배로 들을 게 뻔했다. 계단을 내려와 방으로 가려는 순간 가연은 엄마와 눈이 딱 마주쳤다. 엄마가 당황해서 고개를 홱 돌렸다. 엄마는 울고 있었다. 가연이 쪼르르 달려가 엄마를 와락 끌어안았다.

"엄마, 왜 그래? 응? 무슨 일인데?"

엄마는 황급히 눈물을 훔치고 가연의 팔을 톡톡 두드렸다.

"별일 아니야. 가서 공부나 해."

별일 아닐 리 없었다. 엄마는 야무지고 굳센 사람이었다. 그런 엄마가 우는 모습을 보는 건 처음이었다. 가연은 엄마 목을 끌어안은 채 놓지 않았다.

"가연아, 공부 열심히 해. 공부를 해야 네가 원하는 대로 마음껏 훨훨 날아다니며 살 수 있는 거야."

평소라면 말대꾸를 했을 텐데 가연은 아무 말도 할 수 없었다. 학교에 가게 되었다고 좋아하던 기옥의 모습이 떠올랐기 때문이다. 엄마가 가연의 팔을 풀고 자리에서 일어났다.

"모든 일에는 때가 있어. 때를 놓치고 나중에 후회해 봐야 소용없는 거란다. 엄마처럼 후회하지 말고 너는 열심히 좀 살아."

어쩐지 가연은 엄마한테도 기옥한테도 좀 미안했다. 기옥은 그렇게 원하던 항공 학교에 가게 되었을까? 가연은 궁금해서 좀이 쑤셨지만 엄마를 더 실망시키고 싶지 않았다. 가연은 방으로 가서 책을 펼치고 애써 여러 생각을 떨쳐 냈다.

힘들게 열리는 길

학교에서 돌아오자마자 가연은 이 층으로 달려갔다. 학원에 갈 시간까지는 아직 한 시간이 남아 있었다. 기옥이 항공 학교에 입학했는지 너무 궁금해서 종례가 끝나기도 전에 집으로 달려온 참이었다. 가연이 문 손잡이를 잡으려는데 어제까지 없던 커다란 자물쇠가 설치되어 있었다. 엄마가 한 일이 분명했다.

요 며칠 가연은 기옥의 꿈을 꾸지 못했다. 이 층에도 들어가지 못하면 이제 기옥을 영영 만날 수 없을지도 몰랐다. 가연은 심통이 나서 자물쇠를 툭 쳤다. 순간 찰칵 소리와 함께 문이 열렸다. 신기한 일이었지만 가연에게 이 정도는 이제 놀랍지도 않았다.

가연은 들고 온 책을 펼쳤다. 며칠 전 도서관에서 빌린 《비행기의 역사》라는 책이었다. 가연이 만졌던 비행기는 1910년대 프랑스에서 만들어진 복엽기 뉴포트의 모형이었다. 날개가 아래위로 두 쌍인 비행기를 복엽기라 부른다고 했다. 지난 며칠 동안 가연은 이 책을 두 번이나 읽었다. 읽을수록 신기했다.

 아주 오래전부터 인간은 하늘을 날고 싶다는 꿈을 꾸었다. 천사를 표현할 때 날개를 달아 준 것도 날고 싶다는 인간의 욕망이 반영된 것일 것이다. 불가능해 보이던 오래된 인류의 꿈을 누군가는 포기하지 않았고, 인간은 마침내 하늘을 날게 되었다. 그뿐인가? 이제 인간은 저 먼 우주까지 갈 수 있게 되었다. 지금도 누군가는 빛보다 더 빨리 나는 방법을 연구하고 있다.

 가연은 뉴포트 모형을 향해 손을 뻗었다. 기옥이 항공 학교에 입학했기를 간절히 기도하면서.

 기옥은 차가운 물줄기 아래에서 씻는 중이었다. 공동 샤워장 같았는데 씻는 사람은 기옥 혼자였다. 기옥은 거품을 내어 머리를 감기 시작했다. 그런데 머리를 헹구려는 찰나 물이 뚝 끊겼다. 거품이 잔뜩 묻은 손으로 샤워 꼭지를 이리저리 만져 봤지만 물은 나오지 않았다. 어쩔 수 없이 기옥은 거품을 수건으로 닦아 냈다.

 기옥은 잔뜩 굳은 얼굴로 어느 방문 앞으로 달려갔다. 잠시 숨을 고른 기옥이 방문을 두드렸다. 잠시 후 얼굴을 내민 것은 키 큰 남자였다.

 "반장, 비겁하다고 생각하지 않아? 씻지 못하게 물이나 잠그다니. 너희가 그렇게 강조하는 사내대장부로서 부끄럽지도 않은 거야?"

 반장인 훈련생은 아무 대꾸도 하지 않았다. 하지만 영문을 모르겠다는 표정을 보니 반장이 한 일은 아닌 듯했다.

 "네가 반장이니 다시는 이런 일이 없도록 해 줬으면 좋겠어. 그게 반장의 일이잖아."

반장이 무슨 말을 하려는 찰나 안에서 다른 남자가 불쑥 고개를 내밀었다.

"누가 그랬는지 모르겠지만 그것참 쌤통이다. 그러게 왜 그렇게 아무 데나 나서래? 매번 그러니까 그런 일을 당하는 게 아니겠어? 니네 나라에 암탉이 울면 집안이 망한다는 속담이 있지? 너 같은 여자들이 설치니까 너희 나라가 일본의 식민지인 거야! 알겠냐?"

말한 사람의 멱살이라도 잡을 듯 달려들던 기옥이 아랫입술을 깨물며 분을 삭였다. 항공 학교에 입학한 이후 이런 일이 한두 번이 아니었다.

강의 시간이나 강의실이 바뀐 것을 기옥에게만 알려 주지 않아 수업을 놓친 적도 여러 차례였다. 아예 말을 섞지 않으려는 중국 훈련생들도 많았다.

조선 여자라는 이유에서였다. 기옥은 놀림을 당하고 억울한 일을 당해도 지금까지 꾹 참았다. 동기생들과 잘 지내고 싶었기 때문이었다. 그러나 참기만 해서는 안 되는 모양이었다. 기옥은 마음을 다잡고 이글거리는 눈빛으로 말한 남자를 쏘아보았다.

"여자라는 이유로 나를 모욕한 것은 참겠어. 하지만 내 조국을 모욕한 건 용서할 수 없어. 사과해."

"흥, 한낱 계집애에게 사과는 무슨!"

기옥에게 다가가는 남자를 막아서며 반장이 냉정한 어조로 말했다.

"우리가 네가 여자라는 이유만으로 따돌리는 줄 알아? 네가 성장의 추천으로 입학하는 바람에 우리 항공 학교는 부랴부랴 여자 기숙사를 만들었어. 중국인도 아닌 조선인을 위해서 말이야. 그것도 일종의 특혜다. 네가 특혜를 받고 입학한 탓에 많은 사람들이 너를 미워하는 거야. 그 특혜가 무엇으로 가능했겠나? 우리 중국의 돈 덕분이지. 우리가 왜 그 돈을 너희 조선인을 위해서 써야 하냔 말이다."

가연은 반장의 말이 제법 일리가 있다고 생각했다. 그러나 기옥은 조금도 물러서지 않았다.

"일본은 조선의 적이기만 한 게 아니야. 너희 중국의 적이기도 해. 우리 조선인이 비행술을 배워 일본에 대항하면 중국에도 득이 된단 말이다. 그러니 중국의 돈을 허투루 낭비하는 건 아니지. 그리고 여자인 내가 입학한 걸 특혜라고 했는데, 엄밀하게 말하면 특혜가 아니야. 여성에 대한 차별을 없앤 거지. 내가 입학했기 때문에 앞으로 중국의 여성들도 항공 학교에 입학할 수 있게 될 거야. 이래도 나의 입학을 특혜라고만 할 수 있어?"

기옥의 다부진 대꾸에 반장은 아무 말도 하지 못했다. 기옥은 반장 뒤에서 이죽거리던 남자를 다시 노려보았다.

"그러니까 이량, 내 조국을 모독한 것에 대해 사과해."

"사과 같은 소리 하고 있네. 하늘이 무너져도 너 같은 계집애에게 사과 안 해."

이량은 방문을 쾅 닫고 들어가 버렸다. 그러나 기옥은 문 앞에 버티고 선 채 움직이려 하지 않았다.

반장이 아까보다 부드러워진 목소리로 기옥을 달랬다.

"그만 돌아가. 이량의 성격을 너도 알지 않아? 쉽게 사과할 녀석이 아니야."

"진짜 남자라면 자신의 잘못을 사과할 줄도 알아야 하는 거 아니야?"

"내가 아무리 반장이래도 억지로 사과를 시킬 순 없어. 이 문제는 너희 둘이 알아서 하도록 해."

기옥이 돌아서려는 반장의 팔을 붙잡았다.

"반장이라면 조국을 모독하도록 가만 놔둘 거야? 이건 내 개인의 문제가 아니야. 이량은 내 조국을 모독했어. 그런데 가만있으란 거야?"

반장은 고개를 절레절레 젓고는 방으로 들어갔다.

다음 날 아침, 기옥은 반장과 이량이 있는 기숙사로 달려갔다. 방문을 열고 나오던 이량과 반장이 방문 앞에 우뚝 버티고 선 기옥을 보고 기겁했다.

"뭐야? 꼭두새벽부터 재수 없게!"

이량이 기옥을 보고 툴툴거렸다.

"어제 나한테 한 말, 사과해."

"이 계집애가 정말!"

기옥을 때리기라도 할 듯 이량이 팔을 번쩍 치켜들었다. 반장이 얼른 그 팔을 붙잡았다. 기옥은 조금도 움츠러든 기색이 아니었다. 오히려 두 팔을 허리에 올리고 차분하고 단호하게 말했다.

"사과해."

기옥과 이량은 싸움닭처럼 씩씩거리며 서로 노려보았다.

"비켜!"

"사과 받을 때까지 절대 비키지 않을 거야!"

둘 중 누구도 물러설 것 같지 않았다.

중간에서 난처해하던 반장이 제 무릎을 탁 쳤다.

"좋은 생각이 났어."

기옥과 이량이 동시에 반장을 쳐다보았다.

"이번 시험에서 기옥이 일등을 하면 이량이가 기옥에게 사과하기로 하는 거야."

"뭐?"

반장의 말에 두 사람이 동시에 소리쳤다.

"이량은 여자라는 이유로 기옥을 무시했지? 그런데 이번 시험에서 기옥이 일등을 하면 무시하는 여자에게 진 거니까 사과할 만하지 않겠어? 이량뿐만 아니라 중국 남자들 대부분 기옥이 여자라고 무시하는 게 사실이야. 지금까지 여자들이 앞에 나서서 뭘 해 본 적이 별로 없었으니까. 나는 그런 차별이 어쩔 수 없는 측면도 있다고 생각해. 그러니까 기옥이 넌 그런 차별이 잘못됐다는 것을 증명하기 위해서라도 다른 사람보다 더 잘해야 하는 것 아냐? 어때?"

"좋아."

기옥은 일 초도 망설이지 않고 냉큼 대답했다. 기옥이 대답하기 무섭게 이량도 소리쳤다.

"나도 좋아! 네가 정말 일등을 한다면 그동안 너를 무시했던 것 모두 사과하지."

기옥은 다른 학생들보다 입학이 늦었기 때문에 비행기에 대한 기초 이론이 부족했다. 다른 학생들은 이미 조종 기술이나 항공 이론, 정비 기술 등을 거의 배운 상태였다. 기옥은 선뜻 내기에 응했지만 앞서 나간 동기들을 따라잡으려니 만만치 않았다. 책을 열 번 스무 번 읽어도 잘 이해되지 않는 부분이 많았다. 고민 끝에 기옥은 반장을 찾아갔다.

"나 좀 도와줘. 혼자서는 아무리 봐도 모르겠어."

기옥을 물끄러미 바라보던 반장이 웃음을 터뜨렸다.

"배짱이 대단하구나. 나는 이 내기의 심판이나 마찬가지야. 내가 정말 도와줄 것이라고 생각하는 거야?"

기옥이 망설임 없이 고개를 끄덕였다. 반장은 의아한 얼굴이었다.

"너는 나를 무시하지 않고 나의 존재를 증명할 수 있는 기회를 줬잖아. 그 기회가 공평해야 된다고 생각해. 나는 너희들보다 늦게 입학했기 때문에 수업을 제대로 듣지 못했어. 똑같은 조건이 아닌데 혼자서 알아서 하라는 건 좀 불공평하지 않아?"

기옥의 당돌한 말을 듣고 반장이 두 손을 번쩍 치켜들었다.

"졌다, 졌어. 자, 뭐든 물어봐. 내가 아는 건 다 가르쳐 줄 테니."

그날부터 반장은 시도 때도 없이 질문 공세를 당해야 했다.

기옥의 방은 좀처럼 불이 꺼지지 않았다.

어느 날 새벽, 반장은 기옥이 기숙사 불을 켜 놓은 채 잠든 게 아닌가 싶어 문을 두드렸다. 역시 아무런 대답도 돌아오지 않았다.

"내가 그럴 줄 알았어. 며칠씩 잠을 안 잔다는 게 말이 돼?"

반장은 불을 끄기 위해 방문을 벌컥 열었다. 그러나 기옥은 반장이 방에 들어온 것도 모른 채 공부에 여념이 없었다.

"야, 넌 잠도 없어? 그러다 쓰러지겠다. 일등도 좋지만 잠은 자야 할 것 아냐!"

그러나 기옥은 그 소리도 듣지 못했다. 반장은 고개를 절레절레 저으며 방으로 돌아갔다. 이량은 코를 골며 깊은 잠에 빠져 있었다.

마침내 시험 결과가 나왔다. 기옥과 이량의 내기를 알고 있는 훈련생들은 모두 성적 발표에 귀를 기울였다.

"일등은 권기옥이다!"

교관의 말이 끝나자 여기저기서 탄식의 소리가 흘러나왔다.

기옥은 당당하게 이량의 앞에 섰다. 이량은 고개를 푹 숙인 채 아무 말도 하지 않았다. 그러자 반장이 나섰다.

"기옥이 일등을 하면 사과하겠다고 약속했잖아. 어서 사과해."

몇몇 훈련생들이 고개를 끄덕였다. 대부분의 훈련생들은 입을 비죽이며 흩어졌다.

"미, 미안……. 에잇! 나 못 해! 안 해!"

입을 달싹이던 이량이 말을 끝맺지 않은 채 휙 돌아섰다. 반장이 이량의 팔을 잡아 세웠다.

"네가 여자라고 무시하던 기옥이 얼마나 노력했는지 알아? 기옥은 지난 한 달간 잠도 제대로 자지 않았어. 너는 편하게 잘만 잤지. 기옥은 이른 새벽에도 운동장을 오십 바퀴씩 돌았어. 너는 덥다고 운동장 한 바퀴 돌지 않았지? 네가 진 것이 당연한 거야. 남자든 여자든 상관없어. 노력하는 사람이 이기는 거야. 그러니 사과해."

반장의 따끔한 지적에 이량은 아무 말도 하지 못했다.

"미안했다."

한참 뜸을 들이다 겨우 한 마디만 남긴 채 이량은 뒤도 돌아보지 않고 달려갔다. 이량의 뒷모습을 한참 바라보던 반장이 말했다.

"나도 다른 애들을 대신해서 사과할게. 네가 조선 여자라고 무시했던 게 사실이야. 하지만 이번에 너에게 배운 게 많아. 앞으로 같이 열심히 해 보자."

반장이 활짝 웃으며 기옥에게 손을 내밀었다. 기옥은 힘주어 그 손을 잡았다.

"다른 훈련생들도 곧 나처럼 너를 이해하게 될 거야. 그러니 너무 힘들어하지 말고. 알았지?"

기옥이 환하게 웃었다. 항공 학교에 입학한 뒤 처음 나누는 우정이었다. 남자와 여자를 넘어선, 국경을 넘어선 우정에 기옥은 가슴이 뭉클했다.

"고마워, 반장. 네가 도와준 덕분이야. 정말 고마워."

무엇인가 가연의 몸을 끌어당겼다. 가연은 기옥의 몸에서 빠져나와 순식간에 이 층 방으로 돌아왔다. 비행기가 이륙할 때처럼 머리가 약간 어지러웠다. 가을볕이 가연의 몸을 비추고 있었다. 가을볕 때문인지 심장이 다른 때보다 뜨거운 것 같았다.

기옥은 또 해냈다. 고난을 뛰어넘어 진짜 비행사가 되기 위해 또 한 발을 내디딘 것이다.

아래층의 뻐꾸기시계가 다섯 번 울렸다. 다섯 시면 영어 학원 수업이 시작될 시간이었다. 가연은 벌떡 일어나 달리기 시작했다.

끝나지 않는 위험

"누이. 어디 가오?"

가연은 처음 보는 남자가 환하게 웃으며 기옥에게 다가왔다. 흥식이라는 조선인으로 지난달 새로 입학한 훈련생이었다. 운남 육군 항공 학교에는 몇 명의 조선인 남자들이 있었다. 조국을 잃고 남의 나라에서 배우는 처지라 모두 친형제자매처럼 가깝게 지냈다. 그중에서도 흥식은 기옥을 친누나처럼 잘 따르고 챙겼다.

"응. 서점에 좀 다녀오려고."

"또 책만 파려고? 그러지 말고 공원에 가서 산책이나 하시지. 며칠 전 공원에 갔더니 선선하니 좋습디다. 좀 쉬어야 머리도 제대로 돈다, 이 말이오."

기옥은 미소를 짓고 가벼운 걸음으로 학교를 나섰다. 정말 오랜만의 외출이었다. 생각해 보니 기옥은 입학한 뒤 한 번도 학교 밖을 나선 적이 없었다.

어느새 시월, 평양에는 추수가 끝난 텅 빈 벌판 위로 스산한 바람이 불고 있을 터였다. 가족들은 어찌 지내고 있는지 여러 가지 생각들이 기옥의 머리를 스쳤다. 기옥은 가족이 너무나 보고 싶었다. 지금이라도 당장 조선으로 달려가고 싶은 심정이었다.

책을 산 기옥은 흥식의 말을 떠올리며 공원으로 향했다. 온갖 나무들이 그늘을 드리운 공원에는 선선한 바람이 불고 있었다. 운남은 사시사철 따스한 곳이지만 시월이라 그런지 제법 가을 느낌이 났다.

기옥이 산책을 마치고 돌아가는데 검은 양복을 입고 중절모를 쓴 남자가 계속 따라왔다. 빨리 걷기도 하고 천천히 걷기도 하면서 기옥은 그 남자가 진짜 자신을 따라오는지 살펴보았다. 미행이 확실했다.

'일본 경찰인가? 항공 학교에 입학 후 처음 한 외출인데 어떻게 알고 따라왔지?'

기옥은 일부러 번화가로 갔다. 사람들이 많아야 미행을 따돌리기 쉬울 터였다.

기옥은 빠른 걸음으로 골목을 이리저리 돌았다. 극장 간판이 보였다. 휴일이라 극장은 사람들로 북적거렸다. 기옥은 재빨리 극장 안으로 들어가 밖의 동향을 살폈다. 중절모를 쓴 남자는 보이지 않았다.

잠시 후 기옥은 경계를 늦추지 않은 채 극장을 나섰다. 막 극장을 나온 찰나 한 남자가 어깨를 부딪칠 듯 다가왔다. 옆구리에 서늘한 칼끝이 느껴졌다. 기옥은 본능적으로 몸을 틀면서 남자의 옷깃을 붙잡았다.

남자가 기옥의 손길을 뿌리치고 인파 속으로 도망쳤다. 기옥은 옆구리에서 아릿한 통증을 느꼈다. 상처를 한 손으로 누른 채 기옥은 소리를 지르며 남자의 뒤를 쫓았다.

"잡아라! 일본 밀정이다! 저놈 잡아라."

기옥은 얼마 뛰지 않아 그 자리에 고꾸라지고 말았다. 칼에 스친 자리가 욱신거렸다. 기옥은 당황하지 않고 상처 부위를 살펴보았다. 피가 나긴 했지만 몸을 튼 덕에 다행히 상처가 깊지는 않았다. 방심했더라면 목숨을 잃을 수도 있는 상황이었다. 기옥은 손수건으로 상처 부위를 누르고 윗옷을 찢어 상처 부위를 묶었다.

기옥은 그날부터 단 하루도 경계를 풀지 않았다. 일본 경찰의 눈을 피해 중국으로 왔지만 결국 기옥의 행방을 찾아냈다. 언제 또 공격해 올지 몰랐다. 일단 학교를 벗어나지 않는 게 좋을 터였다. 학교 안에서라면 일본 경찰도 어쩔 수 없을 것이다.

외출도 하지 않은 채 기옥은 훈련에 매진했다. 달리기 같은 기초 체력 훈련은 물론이고, 비상시 비행기에서 탈출하는 훈련, 높은 고도에 적응하기 위한 회전 훈련 등 힘든 훈련을 계속했다.

벌써 여러 명의 학생들이 훈련을 견디지 못하고 학교를 떠났다. 그러나 기옥은 포기하지 않았다. 포기할 수 없었다. 반드시 비행사가 되어서 조국의 독립을 쟁취해야 했다. 기옥은 연습하고 또 연습했다. 노력하면 되지 않는 일이 없다고 기옥은 굳게 믿었다.

가장 어려운 것은 정비였다. 비행사들은 자기가 타는 비행기를 스스로 점검하고 고칠 수 있어야 했다. 비행사 겸 정비사가 되어야 하는 것이다. 비행기의 작은 고장도 큰 사고로 연결되기 때문에 비행기의 점검과 정비는 정말 중요했다.

기옥은 체구가 크지 않은 편이었고 손발도 자그마했다. 그러다 보니 나사를 조이고 푸는 기본적인 일부터 문제였다. 무거운 정비 기구를 사용하는 것도 여간 힘든 게 아니었다.

"천하의 권기옥도 할 수 없는 게 있네."

몇몇 훈련생들은 기옥을 비웃었다. 조만간 기옥이 학교를 그만둘 거라는 소문이 나돌기도 했다. 하지만 그런 말에 휘둘릴 기옥이 아니었다.

기옥은 시간이 날 때마다 정비소로 갔다. 무거운 정비 공구를 한 손에 들고 젖 먹던 힘까지 짜내 정비 연습을 했다. 덕분에 기옥의 얼굴과 손에는 늘 기름때가 덕지덕지 묻어 있었다. 손과 발은 늘 상처투성이었다.

무거운 공구를 사용하다 떨어뜨려 발등이 움푹 파인 적도 있었다. 그래도 기옥은 포기하지 않았다. 발등을 붕대로 칭칭 감고는 또 정비소로 향했다. 그런 기옥이 안타까웠는지 반장이 틈만 나면 정비소를 찾아왔다.

"내가 뭐 도와줄 것 없어?"

기옥은 고개를 흔들었다. 스스로 해내지 않으면 안 되는 일이었다.

"손힘이 부족한 것은 어쩔 수 없어. 이 정도만 해도 대단한 거야. 그러니 너무 무리하지 마. 몸이 남아나지 않겠어."

안타까운 얼굴을 한 반장을 뒤로하고 기옥은 나사를 풀기 위해 낑낑거렸다. 아무리 힘을 써도 나사는 꿈쩍도 하지 않았다.

"내가 좀 도와줄까?"

"내가 비행기 고장으로 낙오했을 때도 네가 도와줄 거야?"

기옥의 말이 옳았다. 반장은 아무런 말도 하지 못했다.

반장이 돌아간 줄도 모른 채 기옥은 정비에 집중했다. 동쪽 하늘이 부옇게 밝아 오는 것도 기옥은 깨닫지 못했다. 무엇인가 기옥의 발등 위로 투둑 떨어졌다. 코피였다. 기옥은 아무렇지 않다는 듯 고개를 젖히고 손수건으로 코를 틀어막았다.

두 달 뒤 정비 시험이 치러졌다. 몇몇 학생들은 기옥이 오늘로 학교를 그만두게 될 거라며 구경까지 왔다. 기옥을 응원하는 학생들도 달려왔다. 많은 학생들이 기옥을 빙 에워쌌다. 기옥이 공구를 들고 비행기 옆으로 다가갔다. 그리고 능숙하게 정비하기 시작했다.

"우와!"

학생들 사이에서 탄성이 터져 나왔다.

"정말 지독하다, 지독해. 저게 여자냐?"

"그래. 저 손 좀 봐. 새까매서 까마귀도 도망가겠다."

몇몇이 비아냥거렸다. 기옥도 그 소리를 들었다. 조금 민망하긴 했다. 지난 몇 달간 온종일 정비에 매달렸더니 손이 정말 새카매졌다. 아무리 씻어도 기름때라 잘 지지 않았다. 그때 기옥 대신 누군가 그쪽을 노려보며 소리쳤다.

"시끄러워! 너희는 부끄럽지도 않아? 저게 바로 진짜 비행사의 손이야!"

반장이었다. 반장의 말에 아무도 입을 열지 못했다.

학생들은 숨죽인 채 기옥이 능숙하게 정비하는 모습을 지켜보았다. 마침내 정비 시험이 끝났다.

반장이 기옥에게 다가가 손을 내밀었다.

"너 정말 대단하구나. 친구지만 정말 존경한다."

기옥이 망설이다 손을 내밀었다. 반장은 기름때가 덕지덕지 낀 기옥의 손을 마주 잡고는 마구 흔들었다.

기옥의 얼굴에 환한 웃음이 번졌다. 스스로의 노력으로 무언가를 성취한 사람만이 지을 수 있는 뿌듯한 웃음이었다. 가연은 기옥이 부러웠다. 자기도 뭔가 해내고 싶다는 생각이 스르륵 온몸으로 퍼졌다. 순간 가연의 몸이 어딘가로 빨려 들어갔다.

가연은 프랑스제 코드롱 복엽기를 손에 쥔 채 이 층의 진열장 앞에 쓰러져 있었다. 기옥과 기나긴 시간을 보냈지만, 시계를 보니 현실에서는 고작 한 시간쯤 흘렀을 뿐이었다. 그래도 자정이 넘은 시간이었다.

가연은 까치발을 든 채 살금살금 안방 앞을 지났다. 불 꺼진 안방 침실에서 두런두런 말소리가 새어 나왔다.

"아직 어린데 어학연수는 무슨……."

아빠의 말이 끝나자 엄마의 긴 한숨이 이어졌다.

"영진이 딸은 미국에서 영어를 배우고 왔대. 우리 가연이도 그런 부모 밑에서 자랐으면 좋았을 텐데 싶으니까 속이 상해서 그래."

"당신도 충분히 좋은 엄마야. 학원 하나라도 더 보내려고 그렇게 열심히 일하잖아. 우리 가연이도 철이 들면 그런 당신 마음을 알아줄 거야."

"내가 가연이에게 더 많은 것을 해 줄 수 있으면 좋을 텐데."

가연의 얼굴이 벌겋게 달아올랐다.

기옥이라면 어땠을까? 기옥은 학교에 가는 대신 공장에 가서 생활비를 벌었다. 그러면서도 불평 한 번 하지 않았다. 가연은 엄마에게 미안했다. 그래서 늦은 시간이지만 책을 펼쳤다.

지금까지 제대로 공부하지 않아 모르는 것 투성이었다. 모르는 내용이 나올 때마다 가연은 참고서를 봤다. 모르는 게 있어도, 힘든 일이 있어도 기옥은 포기하지 않았다. 가연도 기옥처럼 무엇이든 제대로 해내고 싶었다.

꿈으로 날다

"또 이 층에 가니?"

막 계단을 오르려던 가연이 찔끔해서 멈춰 섰다.

"숙제 끝냈어. 다하고 가는 거야."

이 층에 못 가게 할 줄 알고 먼저 변명을 한 것인데 뜻밖에 엄마의 목소리는 담담했다.

"누가 뭐라니. 근데 모형 비행기밖에 없던데 대체 뭐하러 맨날 이 층에 가는 거야?"

엄마는 가연이 이 층의 문에 달아 둔 자물쇠를 어떻게 열었는지 궁금해했다. 저절로 열렸다는 가연의 말을 엄마는 믿지 않았다. 가연이 왜 그런 거짓말을 하는지 도무지 이해가 되지 않았지만, 이 층에 드나든 다음부터 가연이 달라지기 시작했다. 그래서 엄마는 이상하다고 생각하면서도 가연을 말리지 않았다.

"비행기 보러."

"비행기가 좋아?"

"응. 재밌어. 나 이 층에 있는 비행기 모델명도 다 알아."

"그걸 다?"

"응. 책 찾아봤어. 인터넷 검색도 하고."

비행기만 보면 가연은 모델 이름과 생산 국가, 생산 연도는 물론 그 비행기의 특성까지 줄줄 외울 수 있었다. 요즘 가연은 비행기에 관련된 책을 끼고 살았다. 무슨 말을 하려고 입을 달싹이던 엄마가 가연을 물끄러미 바라보더니 가만히 고개를 끄덕였다.

"한 시간만 있다 내려와. 학교 공부도 해야지."

가연은 신이 나서 계단을 뛰어 올라갔다.

요즘 가연은 틈만 나면 이 층에 가거나 책을 읽었다. 학교 공부와 상관없는 책이 많았지만 그래도 가연이 스스로 책을 찾아보는 건 처음이었다. 엄마는 그런 가연이 기특했다. 아무것도 되고 싶지 않다던 가연이 무엇이 되었든 흥미를 붙였다는 게 반가웠다.

가연의 눈에 가장 먼저 띈 것은 독일제 포커 삼엽기였다. 포커 삼엽기는 날개가 세 쌍으로 총 여섯 개인데, 조종하기 어려운 비행기로 알려져 있었다. 하지만 순식간에 하늘로 오르는 힘이 좋아서 제1차 세계 대전 당시 비행사들에게 인기가 좋았다. 어쩌면 기옥도 포커 삼엽기를 조종해 보았을지 몰랐다.

가연은 포커 삼엽기의 가장 큰 윗날개를 잡았다. 가연의 몸이 순식간에 어디론가 빨려 들어갔다. 익숙해질 만도 한데 이 이동은 도무지 적응되지 않았다. 어떤 순간, 어디로 이동할지 모른다는 게 가장 큰 문제였다. 가연은 가슴을 진정시키고 주위를 살폈다.

기옥은 조종석에 앉아 있었다. 가연이 며칠 전에 알게 된 비행기였다. 1910년대 프랑스에서 만든 복엽기로, 어마어마한 양의 폭탄을 장착할 수 있는 전투기였다. 가연은 난생처음 전투기에 탑승했다. 간이 콩알만 하게 쪼그라들었다.

"자, 이제 서서히 출발해. 네 감각을 믿지 말고 계기판을 믿어라. 알았나!"

무전기에서 프랑스 어가 흘러나왔다. 프랑스 인 교관 프란시스였다.

기옥의 심장이 터질 듯 두근거리고 있었다. 가연의 심장도 터질 것 같았다. 이 복엽기는 당시에는 놀라운 비행기였지만 요즘 전투기에 비하면 장난감같이 보였다. 이런 비행기로 하늘을 날아야 한다니 가연은 도무지 믿을 수 없었다. 가연은 어떻게 해서든 현실로 돌아가고 싶은 심정이었다.

'돌아가게 해 줘.'

가연은 간절히 기도했다. 그러나 아무리 기도해도 현실로 돌아가지 못했다. 그 사이 기옥은 심호흡을 하며 숨을 고르고 마음을 진정시키는 중이었다. 기옥은 배운 것을 떠올리며 천천히 비행기를 출발시켰다.

이륙과 동시에 기옥의 목이 뒤로 확 젖혀졌다. 예상을 뛰어넘는 속도였다. 기옥은 이를 악물고 조종간을 힘주어 붙잡았다. 손바닥에서 끈끈한 땀이 배어났다. 기옥은 비행기가 심하게 흔들려 정신을 차릴 수 없었다. 무전기에서 교관의 고함이 들렸다.

"브레이크 놔! 브레이크 놓으란 말이다!"

기옥이 천천히 브레이크를 놓았다. 활주로를 달리던 비행기가 어느새 날고 있었다. 항공 학교가 순식간에 성냥갑처럼 작아졌다. 낯익은 풍경들이 발아래 펼쳐졌다. 아트 스미스의 곡예비행을 보고 하늘을 훨훨 날고 싶어 하던 소녀가 마침내 제 손으로 비행기를 조종하고 있었다.

기옥은 교관의 지시에 따라 침착하게 조종간을 움직였다. 처음 몇 번은 급회전을 하는 바람에 몸이 홱 쏠렸으나 이내 기옥은 부드럽게 방향을 조정할 수 있게 되었다. 비행기는 기옥이 움직이는 대로 푸른 항공을 날고 있었다.

높이 올라가자 귀가 먹먹해지고 현기증이 났다. 기옥은 두 눈을 부릅뜨고 정신을 잃지 않기 위해 애썼다. 가연은 아예 정신을 잃을 뻔했다. 가연이 지금까지 타 보았던 비행기와는 완전히 달랐다. 속도가 온몸으로 느껴져 토할 것 같았고, 갑자기 위로 확 솟구칠 때는 눈알이 튀어나올 것 같았다.

기옥의 눈앞으로 구름이 펼쳐졌다. 아득한 지상 위로 강이 뱀처럼 흘러가고 있었다. 먼 산에는 햇살이 눈부시게 쏟아졌다. 지금까지의 일들이 순식간에 기옥의 머리를 스쳐 갔다.

어려운 가정 환경에서 학교에도 가지 못했던 슬픔, 공장에서 힘들게 보낸 시절, 독립운동을 하다 일본 경찰에 끌려가 고문을 당하던 악몽까지. 모든 기억이 영화 속 장면처럼 떠올랐다. 기옥은 아픈 기억을 떨쳐 버리려는 듯 눈앞을 바라보았다. 앞에 펼쳐진 것은 눈이 시리게 푸른 창공이었다. 답답했던 기옥의 가슴이 뻥 뚫리는 것 같았다.

기옥은 몇 번이나 기수를 틀며 묘기를 선보였다. 조금도 겁난 기색이 아니었다. 겁이 나기는커녕 하늘을 나는 환희에 벅차 있었다.

기옥은 이대로 비행기를 몰고 평양까지 가고 싶었다. 몇 시간이면 고향에 갈 수 있을 터였다. 그러나 기옥은 금세 절레절레 고개를 저었다. 자신은 비행사가 되어 꼭 할 일이 있었다. 조선 총독부를 폭파하는 것. 그리하여 조국 독립에 힘쓰는 것. 그 전까지 기옥은 꿈을 이룬 게 아니었다.

가연도 어느새 비행을 즐기고 있었다. 시시각각 변하는 눈앞의 풍경에 가연은 완전히 마음을 빼앗겨 버렸다. 저 멀리 높은 산이 쌓인 눈 때문에 하얗게 빛나고 있었다. 높은 산도 발아래 있는 것이다.

원래 가연은 비행기가 이륙할 때마다 잔뜩 겁에 질려서 창밖을 보지 못했다. 그런데 조종석에 앉아 하늘을 날고 있는데도 무섭지 않았다. 기옥의 기쁨이 가연에게도 그대로 전해진 것 같았다. 어쩌면 어떤 어려움도 헤쳐 나갈 것 같은 기옥에 대한 믿음 때문일지도 몰랐다.

잠시 후 비행기가 땅에 착륙했다. 프란시스 교관이 엄지손가락을 척 치켜들었다.

"최고야! 정말 잘했다."

훈련생들이 우르르 달려왔다. 반장과 이량의 얼굴도 보였다.

"권기옥, 축하한다! 대단해. 네가 우리 중 처음이구나."

"정말 너는 지독해."

절레절레 머리를 저으며 말한 것은 이량이었다. 말은 그렇게 했지만 이량의 얼굴에는 부러움이 가득했다.

기옥이 이량의 등을 두드리고 호탕하게 웃으며 말했다.
"당연하지. 지독하지 않고서야 어떻게 조국을 되찾겠어."
반장이 한마디 거들었다.
"당계요 성장이 교장한테 '조국을 되찾겠다는 당찬 여성이니 반드시 입학을 허락하시오.'라고 말했다면서? 성장 같은 사람이 아무나 항공 학교 입학을 허락했겠어? 당계요 성장이 사람 제대로 본 거지."
"일동 집합!"
기옥의 주위로 모였던 훈련생들이 교관의 고함에 달려가 열을 맞춰 섰다.
기옥은 맨 앞줄에 서서 거수경례와 함께 우렁찬 목소리로 외쳤다.
"권기옥, 첫 단독 비행 성공을 신고합니다."
교관은 고개를 끄덕이며 기옥의 어깨를 두드렸다.
"우리 항공 학교의 유일한 여성 권기옥이 오늘, 훈련 비행 아홉 시간 만에 첫 단독 비행에 성공했다. 다른 훈련생들도 최선을 다해 훈련에 임하기 바란다. 해산!"
훈련 비행 아홉 시간 만에 단독 비행에 성공한 것은 대단한 일이었다. 똑같이 교육을 받은 다른 훈련생들은 아직 단독 비행은 엄두도 내지 못하는 상황이었다.
기옥은 비행기가 좋았다. 비행 훈련이 있는 날이면 소풍 가기 전날의 아이들처럼 잠이 오지 않았다. 비행기를 탈 생각에 들떠서였다. 훈련생들 중에서도 기옥처럼 비행기를 좋아하는 사람은 없었다.
사람이 하늘을 날다니……. 기옥은 하늘을 날 때마다 자신이 새처럼 자유로워진 것 같았다. 비행기는 기옥의 날개였다. 기옥은 비행기가 기계가 아니라 자기 몸의 일부처럼 느껴졌다. 그러니 그 누구보다 비행기에 대해 속속들이 알 수밖에 없었다. 더구나 비행기는 조선 독립을 위한 희망이었다.

언젠가 이 비행기를 몰고 조선 총독부에 폭탄을 투하할 것이라고 생각하면 기옥은 심장이 터질 것 같았다.

그날 밤, 반장이 기옥을 찾아왔다.

"어디 가서 얘기 좀 하자."

기옥이 의아한 얼굴로 반장을 쳐다보았다. 기옥은 공부하고 체력 단련을 하느라 동료 훈련생들과 어울릴 겨를이 없었다. 친구들도 으레 그러려니, 노는 자리가 있어도 기옥을 부르지 않았다.

"단독 비행한 얘기나 좀 해 달라고. 너무 궁금해서."

그제야 기옥이 몸을 일으켜 반장을 따라갔다.

학교 앞 술집은 불이 꺼져 있었다. 반장은 의아해하며 술집 문을 여는 기옥의 등을 떠밀었다. 기옥이 술집 안으로 들어선 순간 반짝 불이 켜졌다. 동료 훈련생들이 가득 모여 있었다. 어리둥절한 기옥 앞으로 누군가 케이크를 내밀었다.

"첫 단독 비행에 성공한 기념식이야. 축하해!"

훈련생들이 일제히 환호성을 질렀다.

신나서 마구 탁자를 두드리는 사람도 있었다.

"아무리 공붓벌레라도 이런 날은 즐겨야지."

반장이 높이 잔을 들었다. 모두 기옥을 축하하며 잔을 치켜들었다.

처음에는 기옥을 미워하고 따돌리던 친구들이었다. 그 친구들이 이제는 한마음으로 기옥을 응원하고 있는 것이었다.

"자! 조선의 독립을 위하여!"

반장의 선창에 따라 학생들이 다 같이 조선의 독립을 외쳤다.

기옥은 항공 학교에 입학한 뒤, 여러 가지 기억들을 떠올렸다. 힘든 순간들이 많았지만 기옥은 그에 굴하지 않았고, 언젠가 더 좋은 날이 올 거라 믿어 의심치 않았다.

기옥이 단숨에 술잔을 비웠다. 독한 술이 넘어가자 목구멍이 타는 것 같았다. 가연은 진저리를 쳤다. 그 순간 가연은 다시 현실로 돌아왔다.

가연은 아직도 쓰디쓴 술맛이 입안에 남아 있는 듯했다. 하지만 그보다 기옥의 몸을 통해 느낀 비행 감각이 아직도 생생하게 느껴졌다. 하늘을 나는 것은 정말 근사한 일이었다. 가연도 기옥처럼 하늘을 날고 싶었다.

"엄마, 요즘에는 여자도 비행사가 될 수 있는 거지?"

이 층에서 내려온 가연이 엄마에게 물었다.

"그럼, 비행사뿐이니? 우주인도 될 수 있지. 전에 우리나라 최초의 우주인으로 여학생이 선발된 적도 있었잖아."

가연은 곰곰이 생각에 잠겼다.

끝도 없이 무한한 우주를 비행하는 느낌은 어떨까? 생각하는 것만으로도 가슴이 설렜다.

"비행사나 우주인이 되려면 공부 잘해야 돼?"

"그럴걸. 근데 왜? 맨날 이 층 가서 살더니 비행사가 되고 싶다는 꿈이 생긴 거야?"

가연은 잠시 고민했지만 아무 대답도 하지 않았다.

비행사나 우주인이 되면 정말 멋질 테지만 기옥처럼 그렇게 열심히 노력할 수 있을지 자신할 수 없었다. 그날 밤 가연은 오래오래 잠들지 못했다. 이리저리 뒤척이면서 가연은 생각했다. 꿈에 대하여 난생처음으로.

한밤중의 손님

　가연은 늦게까지 잠들지 못했다. 옛날에는 베개에 머리만 닿으면 금방 잠들었는데 요즘은 자꾸만 이런저런 생각이 떠올라 잠이 오지 않았다. 기옥을 만난 뒤로 생긴 증상이었다.
　이리저리 뒤척이던 가연은 발소리를 죽여 살금살금 이 층에 올라갔다. 요즘 엄마는 이 층의 방문을 잠그지 않았다. 그건 이 층에 가도 좋다는 무언의 허락이었다. 엄마는 가연 몰래 이 층 청소도 하는 눈치였다.
　가연은 사보이아 마르게티 S. 16ter 복엽기 앞에 섰다. 이탈리아 비행사였던 프란체스코 데 피네도는 이 비행기를 젠나리엘로라고 불렀다고 한다. 사랑하는 여자의 이름이었을 거라고 가연은 혼자 상상했다.
　피네도는 1925년, 젠나리엘로를 몰고 미국과 호주, 일본을 거쳐 로마에 도착했다. 무려 8만 킬로미터가 넘는 항로였다. 바다에 착륙할 수 있는 수상기인 젠나리엘로는 헬리콥터 정도의 크기밖에 되지 않았다. 그런 비행기로 대륙을 횡단한 것이다.

　가슴이 두근거렸다. 요즘 가연은 비행기를 보면 자꾸 가슴이 두근거렸다. 기옥을 닮아 가는지도 몰랐다. 가연은 설레는 마음으로 비행기 모형을 손에 쥐었다.

　그 순간 가연의 정신은 다시 기옥의 몸으로 이동했다. 이제는 놀랍지도 않았다.

　기옥은 어두운 골목에 숨은 채 누군가를 지켜보는 중이었다. 기옥의 시선이 향한 곳에는 한 남자가 사방을 두리번거리고 있었다. 친동생처럼 기옥을 따르는 홍식이었다.

　며칠 전 밤늦게 화장실에 다녀오던 기옥은 홍식이 남몰래 자신의 방으로 들어가는 것을 목격했다. 자신에게 무언가 볼일이 있겠거니, 대수롭지 않게 생각하려 했으나 주위를 살피는 게 마음에 걸렸다. 그래서 기옥은 소리 나지 않게 조용히 방문을 열었다.

　홍식은 기옥의 침대로 살금살금 발소리를 죽여 다가가는 중이었다. 침대 앞에 선 홍식은 품에서 뭔가를 꺼냈다. 전등불을 반짝 반사하는 게 아무래도 쇠로 된 무엇 같았다. 기옥이 큰소리로 외쳤다.

　"뭐 하는 거야?"

　깜짝 놀란 홍식이 뒤돌아섰다. 그 순간 기옥은 홍식이 오른손에 들었던 물건을 재빨리 뒷주머니에 찔러 넣는 것을 목격했다. 그게 무엇인지 캐묻고 싶었지만 방에는 기옥과 홍식, 단둘뿐이었다. 만에 하나 홍식이 뒷주머니에 넣은 게 칼이라면 위험할 수도 있었다.

"도둑고양이처럼 살금살금 뭐 하는 거야? 주인도 없는 방에서?"

"에이, 누님도. 누님이 주무시는 줄 알고 깨우려고 그랬지."

홍식이 능청스럽게 받아쳤다. 그리고 윗옷 안주머니에서 작은 병을 꺼냈다. 중국술이었다.

"어찌나 고향 생각이 간절한지 누님이랑 이거나 한잔 하려고."

"내일 아침부터 수업인데 술은 무슨. 고향 생각이 간절할수록 열심히 공부해서 조국을 되찾을 각오를 해야지. 허튼소리 하지 말고 그만 돌아가서 자."

홍식을 따끔히 야단쳐서 돌려보낸 뒤 기옥은 방문을 걸어 잠갔다.

그날 이후로 기옥은 홍식의 행동을 유심히 살폈다. 뭔가 이상했다. 기옥에게는 살갑게 대하는 홍식이 다른 조선인과는 거의 어울리지 않는 것이었다. 다른 훈련생들에게 물어보았지만 홍식의 과거를 아는 사람은 없었다.

운남 육군 항공 학교에 다니는 조선인 훈련생들은 다들 서로에 대해 잘 알았다. 기옥처럼 임시 정부의 추천으로 온 훈련생이 대부분이기 때문이었다. 누구도 홍식의 과거에 대해 알지 못한다는 게 기옥은 왠지 꺼림칙했다. 그래서 기옥은 밤늦게 몰래 담을 넘어 나가는 홍식을 뒤따라 온 것이었다.

잠시 후 누군가 홍식을 향해 다가왔다. 기옥은 다가오는 남자의 얼굴을 보고 소스라치게 놀랐다. 남자는 바로 평양에서부터 기옥을 쫓던 일본 경찰이었다. 이 먼 중국까지 온 것도 그자 때문이었다. 몇 년 전 3·1 운동으로 감옥살이를 하다 풀려난 기옥은 독립운동 자금을 마련하기 위해 임시 정부가 발행한 국채를 팔러 다녔다. 그러다 일본 경찰에게 뒤를 밟혔고, 붙잡히기 직전 배를 타고 중국으로 도망쳤다. 그자가 중국까지 자신의 뒤를 쫓았을 거라고 기옥은 상상조차 하지 못한 터였다. 머리카락이 쭈뼛 곤두서는 느낌이었다.

일본 경찰이 주변을 살피고는 품에서 뭔가를 꺼내 흥식에게 건넸다.

"잘 처리해. 그깟 계집 하나 처리 못하나? 이번에는 반드시 끝내야 돼. 그 계집을 살려 뒀다가 우리 일본에 무슨 짓을 할지 모른단 말이다."

일본어였다. 나지막한 소리였지만 사방이 쥐 죽은 듯 조용해 또렷이 들렸다.

"보통 여자가 아닙니다. 어찌나 의심이 많고 철저한지 틈이 없습니다. 하지만 걱정하지 마십시오. 이 총을 주면 나를 철석같이 믿을 겁니다. 그러면 반드시 기회를 만들 수 있습니다."

"실패했다가는 네놈도 죽은 목숨이다. 알겠나? 그 여자는 한시라도 빨리 처리해야 한다."

운남 육군 항공 학교에서 가장 우수한 학생이 조선 여학생이라는 것은 이미 널리 소문이 나 있었다. 일본 정부에서도 그 소문을 듣고 기옥처럼 애국심이 강한 조선인이 비행사가 되게 놔두었다가는 큰일이 날지도 모른다고 생각한 것이다.

"예."

흥식이 머리를 조아렸다. 기옥은 당장에라도 뛰쳐나가 두 남자를 때려눕히고 싶었다. 그러나 자신은 혼자였고 저들은 총까지 갖고 있었다.

기분 내키는 대로 행동할 상황이 아니었다.

다음 날 훈련이 끝난 후 홍식이 기옥의 기숙사 방문을 두드렸다. 기옥은 홍식의 얼굴을 보니 간신히 참고 있던 화가 다시 솟구쳤다. 그러나 기옥은 화를 참고 평소처럼 다정한 얼굴로 홍식을 맞았다.

"누님. 이것 좀 맡아 주시오."

홍식이 내민 것은 권총이었다. 기옥의 눈이 휘둥그레졌다. 어제 일본 경찰에게 받은 권총이었다.

"원수를 갚을 놈이 있어 구했는데 그놈이 여강에 있다고 하니 조만간 죽이러 갈 거요. 그때까지만 누님이 좀 맡아 주시오."

기옥은 잠시 망설이다 권총을 받았다.

어제 일본 경찰에게 말한 대로 총을 기옥에게 맡겨 신뢰를 얻으려는 모양이었다. 이유야 어찌 됐든 기옥은 홍식이 총을 갖고 있는 게 불안했다. 언제 그 총을 자신에게 겨눌지 알 수 없는 노릇이었다. 일단 자신이 갖고 있는 게 안전할 것 같았다.

"원수라니? 무슨 원한이 있기에 사람을 죽이겠다는 거야?"

"일본 경찰이오. 내 형이 독립 자금을 모으다 그놈에게 잡혀서 고문을 당했는데, 어찌나 맞았는지 나오자마자 죽었소."

그 말이 사실이라면 일본 경찰의 앞잡이 노릇이나 하고 있을 리 없었다. 홍식은 제 한 몸의 부귀영화를 위해 같은 민족을 일본에 팔아넘기는 파렴치한 인간이었다. 그냥 놔뒀다가는 기옥뿐만 아니라 다른 독립 운동가들에게까지 해가 미칠 터였다.

기옥은 다음 날 조선인 훈련생 중에서 친하게 지내는 세 명을 학교

뒷산 공동묘지로 불렀다. 그리고 흥식에 관한 모든 것을 털어놓았다.

"흥식을 어떻게 하면 좋겠어?"

"가만둬서는 안 되지."

"맞아. 이건 기옥이만의 문제가 아니야. 수많은 독립운동가들을 위해서라도 일본의 앞잡이는 처단해야 해."

기옥은 품에 넣고 온 권총을 꺼냈다.

"웬 권총이야? 이걸 어디서 구했어?"

"흥식이 나에게 잠깐 맡긴 건데 일본 경찰에게 받은 거야. 내 신뢰를 사기 위해 맡긴 것 같아."

잠시 후 흥식이 나타났다. 기옥이 흥식에게 이곳으로 오라고 말해 둔 터였다. 기옥이 자신의 정체를 아는지 모르는 흥식이 너스레를 떨며 다가왔다.

"이 밤중에 공동묘지로 오라니 대체 무슨 일이오? 심장이 쪼그라드는 줄 알았네. 여기서 술판이라도 벌이려는 거요? 왜 다들 모여 있어?"

말이 끝나자마자 남자 둘이 달려들어 흥식을 밧줄로 꽁꽁 묶었다. 흥식은 대체 왜 이러냐며 야단법석을 떨었다. 훈련생들이 흥식을 무릎 꿇리자 기옥이 그 앞에 섰다.

"이 권총은 어디서 구한 거냐?"

"그 권총 때문에 지금 나한테 이러는 거요? 누님에게 말하지 않았소? 형의 원수를 갚으려고 구한 거라니까."

"묻는 말에 대답이나 해. 총을 어디서 구했냐니까!"

"중국 경찰 중에 아는 사람이 있어 돈을 주고 어렵게 구한 거요."

기옥과 조선인 훈련생들의 눈빛이 싸늘해졌다.

"네가 일본 경찰에게 이 총을 받는 모습을 내 두 눈으로 똑똑히 봤어. 그런데 중국 경찰에게 구했다고? 네놈 정체를 밝혀라!"

홍식의 눈빛이 흔들렸다. 잠시 머리를 굴리던 홍식이 비굴하게 웃으며 말했다.

"일본 놈에게 받았다고 하면 이렇게 의심할까 봐 중국인에게 구했다고 거짓말을 한 것이오. 일본 놈에게 구한 게 맞소. 원수를 갚으려면 무슨 짓을 못해! 그게 무슨 대수라고 나를 죄인 취급하는 거야?"

기옥이 홍식을 노려보았다. 기옥의 눈에서 불꽃이 일렁거렸다.

"너에게 총을 준 그자가 어떤 자인지 알기나 해? 내 손톱을 뽑고 고춧가루 물을 코에 퍼부은 놈이야. 그놈에게 목숨을 잃은 독립투사도 한둘이 아니다. 민홍식, 너는 부끄럽지도 않은 게냐? 너도 조선인이다. 어찌 조선인이 되어 조선인을 죽이는 일에 앞장서는 거냐?"

그제야 홍식은 땅바닥에 머리를 조아리며 울부짖었다.

"누님, 한 번만 용서해 주시오. 절대 누님을 죽일 생각은 아니었소. 일본 경찰의 협박 때문이었소. 누님에게 총도 맡기지 않았소? 죽일 생각이었다면 내가 왜 누님에게 총을 맡겼겠소? 목숨만 살려 주시오. 목숨만."

"이놈이 끝까지 변명만 늘어놓는구나. 네가 내 믿음을 사기 위해 권총을 맡긴 걸 모를 줄 알았더냐? 이 비겁한 놈. 너 같은 놈은 살려 둘 이유가 없다."

기옥이 부들부들 떨며 홍식을 향해 권총을 겨눴다.

그러나 기옥은 좀처럼 방아쇠를 당기지 못했다. 그래도 매일 얼굴을 보며 가깝게 지내던 사이였다. 살려 둬서는 안 되는 사람인 걸 알면서도 쉽게 용기가 나지 않았다.

"꺼져! 다시 한번 내 앞에 나타났다가는 정말 가만두지 않겠다."

흥식이 뒤도 돌아보지 않고 도망쳤다. 몇 번이나 돌부리에 걸려 넘어지던 흥식의 모습은 이내 어둠 속에 묻혔다. 기옥은 흥식이 다시는 민족의 배신자가 되지 않기를 간절히 기도했다.

며칠 뒤, 항공 학교 교장이 기옥을 불렀다.

"요즘 이상한 일은 없었나?"

"네. 왜 그러십니까?"

"며칠 전 일본 영사관에서 권기옥이라는 여학생이 우리 학교에 다니느냐는 문의가 왔었네. 물론 우리 학교에 조선인 여학생은 단 한 명도 없다고 답했지. 그런데 오늘 일본 영사관에서 다시 연락이 왔네."

교장의 안색이 몹시 어두웠다.

"대체 뭐라고 합니까?"

"권기옥을 길거리에서 만나면 무조건 죽일 테니 항의하지 말라더군."

일본 측에서 흥식을 이용해 기옥을 처리하려다 실패하고는 독이 오를 대로 오른 모양이었다.

"자네같이 우수한 인재를 일본의 손에 잃어서야 되겠나. 저들이 무슨 짓을 할지 모르니 졸업할 때까지 학교 문밖으로는 한 발자국도 나가지 말게."

"네. 걱정해 주셔서 감사합니다. 안전하게 학교에만 있겠습니다."

어차피 기옥은 평소에 학교 밖으로 잘 나가지 않았다. 우리나라의 독립에 도움이 되기 위해 자나 깨나 공부만 했다. 기옥은 곧장 기숙사로 돌아와 책상 앞에 앉았다.

기옥은 비행기 엔진에 관한 책을 읽기 시작했다. 가연은 책이 너무 어려워 잘 이해되지 않았다. 가연은 자기도 모르게 졸기 시작했.

가연이 깨어 보니 어느새 깊은 밤이었다. 이 층 창문으로 가로등 불빛이 새어 들어 가연의 얼굴을 비추고 있었다. 졸다가 현실로 돌아온 모양이었다.

　어둠에 잠긴 계단을 내려가던 가연은 어둠에 잠긴 공동묘지를 떠올렸다. 기옥이 홍식의 정체를 눈치채지 못했더라면 기옥은 비행사가 되기도 전에 암살당했을 것이다.

　생각해 보면 기옥은 늘 체포나 암살의 위험 속에서 살았다. 독립운동가들은 그런 위험을 극복하고 목숨을 바쳐 우리나라를 되찾은 것이다. 그렇게 힘들게 되찾은 나라인데, 가연은 한 번도 그에 대해 제대로 생각해 본 적이 없었다.

　가연은 후다닥 제 방으로 돌아가 책을 펼쳤다. 기옥에게 부끄러운 사람이 되고 싶지 않았다. 졸릴 때마다 가연은 기옥을 떠올렸다. 그러면 정신이 번쩍 들었다.

최초의 여성 비행사

가연은 '세인트 루이스의 정신'이라는 이름을 가진 비행기를 물끄러미 바라보았다. 이 층에 있는 수많은 비행기 중에서 가연은 이 비행기가 가장 좋았다. 일단 이름부터 마음에 들었다. 비행기를 살 수 있도록 도와준 미국 세인트 루이스에 사는 사람들에게 감사를 표하기 위해 비행사인 찰스 린드버그가 직접 붙인 이름이었다.

1919년, 미국에 살고 있던 한 사업가가 뉴욕에서 파리까지 멈추지 않고 비행에 성공하는 사람에게 25,000달러의 상금을 주겠다고 발표했다. 당시 25,000달러라는 돈은 어마어마한 액수였다.

누구나 탐을 낼 만한 상금이었지만 당시의 비행기로 그러한 도전을 한다는 것은 목숨을 걸어야 하는 위험한 일이었다. 실제로 린드버그보다 먼저 도전한 사람들은 목숨을 잃기도 했다.

린드버그는 비행에 성공하려면 충분한 연료를 실으면서도 비행기의 무게를 최대한 가볍게 해야 한다고 생각했다. 그래서 최대한 짐을 줄이고 연료와 약간의 식량만을 가져갔다.

1927년 5월 20일, 찰스 린드버그는 뉴욕의 비행장을 출발해 30시간이 넘는 시간 동안 혼자 비행해 파리의 공항에 도착했다. 통신을 하거나 잠을 자지도 못하고 혼자서 5,000 킬로미터가 넘는 거리를 비행한 것이다.

가연의 심장이 두근거렸다. 혼자 하늘을 나는 기분은 어떤 것일까? 그 긴 시간을 비행하면서 외롭지는 않았을까? 무섭지는 않았을까? 여러 가지 궁금증이 꼬리에 꼬리를 물고 이어졌다. 가연도 린드버그처럼 홀로 저 푸른 창공을 날고 싶었다.

가연은 하늘을 날고 있었다. 자기도 모르게 세인트 루이스의 정신 모형에 손을 대 과거로 온 모양이었다.

가연은 산이 옆으로 누워 있는 것처럼 보였다. 기옥이 조종하는 비행기가 수직으로 날아오르고 있기 때문이었다. 조종을 하다 보면 모든 감각이 사라졌다. 기옥은 자신을 믿지 말고 계기판을 믿으라던 프란시스 교관의 말을 이제야 이해했다.

밖에 산처럼 기준으로 잡을 수 있는 자연이 없으면 자신이 어떤 방향으로 날고 있다는 것조차 알기 어려웠다. 항공 학교의 한 친구는 위와 아래를 구분하지 못한 채 비행하다 그대로 바다에 처박혀 목숨을 잃었다. 불과 얼마 전의 일이었다.

비행기를 조종하려면 잠시도 긴장을 늦춰서는 안 되었다. 자신을 무조건 확신해서도 안 되었다. 기옥은 비행기 조종이 인생과 비슷하다고 생각했다. 기옥에게는 사는 게 비행 그 자체였다. 비행기가 위아래로 몇 번 움직이자 비행운이 푸른 하늘에 글자를 새겼다.

'축 졸업'

기옥은 항공 학교 졸업식에서 기념 비행을 하는 중이었다. 기옥이 모는 비행기가 전교생이 모여 있는 운동장 한가운데로 착륙했다. 요란한 박수가 터져 나왔다. 비행기에서 내린 기옥은 한쪽 구석에 마련된 단상으로 올라갔다. 교장이 기옥에게 졸업장을 건넸다.

졸업장의 날짜는 1925년 2월이라고 적혀 있었다. 가연은 고개를 갸웃거렸다. 기옥이 운남 육군 항공 학교에 입학한 것은 1923년 4월이라고 알고 있기 때문이었다. 다른 훈련생들보다 입학이 늦었는데도 2년도 되지 않아 졸업한 것이다.

가연은 절레절레 고개를 저었다. 얼마나 지독하게 공부를 했으면 이렇게 빨리 모든 과정을 끝마친 것일까? 지난번 일본의 암살 시도 이후 기옥은 외출도 하지 않은 채 공부만 한 게 분명했다.

"우리 운남 육군 항공 학교의 첫 번째 졸업식에서 조선의 첫 여성 비행사가 탄생했습니다. 권기옥은 비록 여성의 몸이지만 다른 어떤 남성보다 더 빨리 더 훌륭하게 자신의 임무를 완수했습니다. 학교에 입학할 때의 소원대로 부디 조선 독립을 위해 큰일을 해내기 바랍니다."

이로써 기옥은 우리나라 최초의 여성 비행사가 되었다.

기옥은 무뚝뚝한 표정으로 졸업장을 받아들었다. 하지만 가연은 알 수 있었다. 기옥의 심장은 터질 듯 두근거리고 있었다. 기옥은 평양에서 아트 스미스의 곡예비행을 구경하던 순간이 떠올랐다. 그날 처음 비행사가 되겠다는 꿈을 꾸었고, 이 자리에 서기까지 수많은 일이 있었다.

일본 경찰에게 체포되어 고문을 당했고, 어쩔 수 없이 조국을 떠나야 했다. 힘들고 고된 나날이었지만 그 시간들이 있었기에 마침내 비행사라는 꿈을 이룬 것이다.

그러나 기옥은 아직 이뤄야 할 더 큰 꿈이 있었다. 비행기를 몰고 조선 총독부를 폭파하는 것, 그리하여 조국을 되찾는 일에 앞장서는 것. 언제가 될지 모르지만, 그날이 올 때까지 기옥은 더 힘든 일도 참고 견뎌 낼 자신이 있었다.

비행사가 된 기옥은 중국 상해로 향했다. 그곳에서 반가운 얼굴들이 기옥을 반겼다. 추천장을 써 주었던 이시영도 한달음에 달려왔다.

"소식 들었네. 우리나라 최초의 여성 비행사가 되었다고 하더군. 다른 훈련생들보다 짧은 시간 안에 졸업장을 땄다면서? 역시 권기옥이야. 참으로 장해. 자네 소원대로 비행사가 되었으니 이제 조국 독립을 위해 일해야지."

"예. 항공 학교 교장 선생님께서 교관으로 일해 달라고 부탁하셨는데 하루라도 빨리 조국 독립을 위해 싸우고 싶어 이렇게 돌아왔습니다. 선생님, 비행기를 사 주십시오. 비행기만 있으면 여러 가지 일을 할 수 있습니다."

기옥은 당장 조선 총독부를 폭파하러 갈 기세였다.

이시영은 그런 기옥을 안타까운 눈으로 바라보았다. 임시 정부도 비행기의 중요성을 모르지 않았다. 그래서 비행기 살 돈을 모금하려 한 적도 있었다. 그러나 조선에서 일본의 약탈은 점점 심해지고, 독립운동에 대한 탄압도 하루가 다르게 심해졌다.

수많은 사람들이 독립운동을 하다 목숨을 잃거나 감옥에 끌려갔다. 그 바람에 독립운동가들을 돕고 싶은 마음이 굴뚝같아도 연락할 방법조차 찾기 어려웠다. 상해 임시 정부의 형편도 나날이 어려워지는 판이었다. 당시 이시영은 임시 정부의 재정을 담당하고 있었다.

"이보게. 그럴 돈이 있다면 얼마나 좋겠나? 그러나 다들 하루에 한 끼조차 먹기 어려운 형편이라네."

그러고 보니 모인 사람들의 모습이 말이 아니었다. 이시영의 두루마기는 얼마나 오래 입었는지 소매가 다 해져 있었다.

이시영은 둘째가라면 서러워할 대단한 집안의 아들이었다. 게다가 중국으로 오기 전까지 우리나라에서 중요한 직책을 두루 맡았던 사람이었다. 그런 사람이 집안의 전 재산을 독립운동에 바치고 다 해진 옷을 입은 채 근근이 살고 있는 것이었다.

비행기를 살 수 없다는 말에 깊이 실망했지만 기옥은 그런 내색을 할 수 없었다. 이것이 우리 임시 정부의 형편이었다. 지금까지 기옥의 삶에는 평탄한 순간이 없었다. 늘 어렵고 힘든 상황들이었다. 그래도 기옥은 원하는 것은 반드시 해내고야 말았다. 그러니 포기하지 않는 한 이번에도 길이 열릴 터였다.

"가연아! 또 이 층에서 잠든 건 아니지?"

엄마가 외치는 소리에 가연은 현실로 돌아왔다. 비행사가 되었지만 아무것도 할 수 없는 기옥의 삶이 안타까웠다. 그럼에도 포기하지 않고 새로운 길을 찾는 기옥이 놀랍기도 했다.

"내려와서 사과 먹어!"

가연은 생각에 잠긴 채 주방으로 내려왔다.

"가연아, 안 먹고 뭐 해?"

가연은 사과를 포크로 찍은 채 골똘히 생각에 잠겨 있었다. 엄마는 그런 가연을 가만 바라보았다. 요즘 가연이 부쩍 큰 것 같았다. 예전과 달리 혼자 생각하는 시간이 많아졌고, 뭐 하나 싶어 들여다보면 책을 읽거나 공부를 하고 있었다. 엄마는 그런 가연이 대견하면서도 걱정스러웠다.

"엄마는 꿈이 뭐였어요?"

엄마는 사과 깎던 손길을 멈추고 생각에 잠겼다. 그리고 긴 한숨을 내쉬었다.

"없었어. 지금 너처럼 꿈이 없었어. 그냥 놀기 좋아하는 학생이었지. 어른들은 왜 자꾸 공부하라는 말만 하나, 툭하면 짜증만 냈어. 너를 보면 꼭 어릴 때 내 모습을 보는 것 같아서 더 야단치게 되는 것도 있단다."

가연은 아무 말도 하지 못했다. 엄마도 말없이 사과만 깎았다.

엄마는 마트 계산대에서 일했다. 하루에 열 시간씩 마트에서 일하지만 집안은 늘 반짝반짝 빛나고, 냉장고에는 맛있는 음식들이 가득했다. 엄마는 가연을 한참이나 가만히 바라보았다.

"너에게 맨날 공부만 하라고 해서 미안해. 너는 엄마처럼 살지 않았으면 싶어서 그랬어. 다 엄마 잘못이야. 미안해, 가연아."

가연은 엄마를 와락 끌어안았다.

"내가 미안해, 엄마."

가연은 자신에게 공부하라고 늘 잔소리하는 엄마의 마음을 이해할 수 있을 것 같았다.

"엄마가 미안하지 네가 뭐가 미안해?"

자신을 걱정하는 엄마 마음을 몰라줘서, 맨날 멍하니 시간만 보내서 미안하다는 말은 차마 입 밖으로 나오지 않았다. 우물거리다 가연은 말했다.

"그냥, 다……."

엄마가 애써 미소를 지으며 물었다.

"우리 가연이는 꿈이 뭔데? 지금도 아무것도 되지 않는 게 꿈이야?"

가연은 고개를 저었다. 엄마 눈이 반짝 빛났다.

"그럼 꿈이 생겼어? 그게 뭔데?"

가연은 대답하지 않았다. 자신의 꿈이 뭔지 정확히 말할 수 없었기 때문이었다. 하지만 비행기가 좋았다. 우리나라의 하늘을 지키는 공군 조종사가 되어도 좋을 것 같았고, 아무도 가 보지 않은 우주를 탐험하는 우주 비행사가 되어도 좋을 것 같았다. 요즘 가연은 비행기만 보면 가슴이 설렜다.

"왜? 말하기 싫어? 엄마한테만 말해 주면 안 돼?"

"나중에. 좀 더 생각해 보고 정말 결심이 서면 말해 줄게."

엄마는 가연의 대답에 깜짝 놀랐다.

가연에게 정말 꿈이 생긴 모양이었다. 게다가 말하는 게 어른스러워졌다. 얼마 전까지만 해도 떼만 쓰는 어린아이였는데 언제 이렇게 부쩍 컸을까? 엄마는 사과를 입에 문 채 골똘히 생각에 잠긴 가연을 오래도록 바라보았다.

목숨을 건 비행

　미국 록히드 사가 만든 SR-71 A. 이 비행기는 블랙 버드(Black bird)라는 별명을 갖고 있고 1960년대에 미국이 적을 살필 때 쓴 정찰기였다. 블랙 버드는 철보다 단단한 티타늄으로 만들어진 비행기였고, 미사일로도 맞추기 힘들 정도로 굉장히 빠른 속도를 자랑했다. 기옥이 조종을 배우던 1920년대에 비해 열 배도 넘는 빠른 속도를 갖게 된 것이다.

　소리의 속도보다 빠른 비행기도 있었다. 처음으로 소리의 속도를 앞지른 것은 1940년대에 미국에서 제작된 비행기 벨 X-1이었다. 그 후 사람들은 더 빨리 나는 비행기를 개발하기 위해 노력하고 있다.

　가장 빠른 속도를 기록한 비행기는 미국 항공 우주국에서 실험한 X-43A이다. 사람이 타지 않고도 조종할 수 있는 비행기인데 소리보다 약 10배 빠르다고 한다. 그러니까 서울에서 뉴욕까지 한 시간도 안 돼서 갈 수 있는 속도다.

물론 이 층 방에는 그렇게 최신 비행기 모형은 없었다. 이 층에 있는 모형기 중 가장 최근의 것이 바로 블랙 버드였다. 아마 기옥이 살던 시대에서는 최신 비행기였을 것이다. 블랙 버드가 기옥이 모은 마지막 비행기라고 생각하니 가연은 어쩐지 마음이 이상했다. 이런 기분을 쓸쓸하다고 하는지도 모르겠다고 가연은 생각했다.

비행기를 만지는 순간 늘 그랬듯 가연의 몸이 어딘가로 빨려 들어갔다. 이번에는 또 어떤 일을 겪게 될까?

'여긴 또 어디야?'

가연은 재빨리 주변을 살폈다.

시간 이동을 한 것은 정말 오랜만이었다. 그사이 가연은 기말시험을 치르느라 이 층에 갈 여유가 없었다. 사이렌이 귀가 따가울 정도로 요란하게 울리고 있었다. 뭔가 숨 가쁜 상황이 분명했다.

기옥은 숨을 헐떡이며 비행기를 향해 달리는 중이었다. 10여 대의 비행기가 격납고 안에 줄지어 서 있었다. 기옥은 그중 한 비행기에 재빨리 올라탔다.

"제군들! 일본 놈들을 상해에서 몰아내자! 자, 출동한다."

가연의 심장이 쿵쾅거리기 시작했다. 1932년, 중국 상해에서 중국군과 일본군이 충돌한 상해 사변이 벌어지고 있었다.

한 해 전, 일본은 중국의 만주를 침략해 만주국을 세운 뒤 호시탐탐 중국을 삼킬 기회를 엿보았다. 일본에게 필요한 것은 전쟁을 일으킬 구실이었다. 때마침 상해에서 일본 승려가 중국인에게 맞은 사건이 있었고, 이 일을 계기로 중국과 일본이 대치하는 상황이 발생했다.

일본군은 병력을 상해로 집결시켰다. 그리고 늦은 밤, 폭탄을 가득 실은 비행기를 이용해 상해를 폭격했다. 비행기의 폭격 앞에서 땅에서의 공격은 별 소용이 없었다. 중국군도 이에 맞서 항공대를 투입했다. 기옥은 중국 항공대의 일원으로 처음 상해 사변에 투입되는 것이었다.

중국 항공대는 일본군보다 숫자도 적고 비행기 성능도 현저히 떨어졌다. 그래도 기옥은 조금도 위축되지 않고 첫 번째로 이륙했다. 폭탄을 싣고 비행하기는 처음이라 능숙한 기옥도 긴장하지 않을 수 없었다.

일본군은 이미 상해에 사는 일본인들을 대부분 철수시킨 상태였다. 자기 군대가 있는 곳만 피하면 아무 곳이나 폭격해도 그만이었다. 그러나 중국군은 달랐다. 싸우는 장소가 지켜야 하는 사람들이 사는 곳이어서 잘 조준해 일본군에게만 폭격을 해야 했다. 시작부터 여러 가지로 불리한 점이 많았다.

기옥의 삶은 단 한순간도 쉽고 편한 적이 없었다. 그러나 그 어떤 난관도 기옥의 의지를 꺾지 못했다. 이번에도 기옥은 꺾이지 않을 터였다. 설령 폭탄과 함께 흔적도 없이 사라진다 할지라도 기옥은 일본과의 싸움에서 절대 물러나지 않을 결심이었다.

"선두! 방향을 잘 잡아라. 북북서 방향이다."

하늘에는 보랏빛 노을이 지고 있었다.

기옥은 노을을 향해 비행기를 몰았다. 노을은 전쟁 중이라는 것을 잊을 만큼 아름답고 평화로웠다. 기옥의 눈이 촉촉하게 젖어 들었다. 개울에서 멱을 감고 놀던 어린 시절이 떠올랐다.

그날 기옥은 친구들과 노느라 해가 지는 것도 알지 못했다. 입술이 새파래지도록 물놀이에 정신이 팔렸던 기옥과 친구들은 물에 노을이 비치는 것을 보고서야 시간이 많이 지났다는 것을 깨달았다. 부모님에게 혼이 날까 봐 가슴을 졸이며 부랴부랴 달려가던 길이 선명하게 떠올랐다.

꿈에도 그리운 고향을 떠나 중국 군대에서 싸우는 것은 조선을 침략한 일본 때문이었다. 일본을 무찌르지 않고는 두 번 다시 고향 땅을 밟을 수도, 사랑하는 가족을 만날 수도 없었다. 어쩌면 기옥의 가족 또한 기옥이 독립군이라는 이유로 험한 일을 당했을지도 몰랐다.

기옥은 이를 악물고 일본군을 향해 날아갔다. 저만치 일본군 주둔지가 보였다. 막사에 하나둘 불이 켜지고 있었다. 중국군의 비행대가 온 줄 모르는 일본군은 아마 무방비 상태일 터였다. 기옥이 무전기를 켜고 소리쳤다.

"어이, 친구들! 저기 일본군이 있다. 어디 한번 신나게 놀아 보자고!"

사방에서 환호성이 들려왔다.

가연은 간이 콩알만 하게 오그라들었다. 기옥이 언제 죽었더라? 분명 알고 있었는데 너무 긴장한 탓인지 기억이 나지 않았다. 기옥이 여기서 죽으면 나는 어떻게 될까? 다시 현실로 돌아갈 수 있는 걸까?

어쩌면 다시는 부모님을 볼 수 없을지도 모른다고 생각하자 가연은 눈물이 핑 돌았다. 엄마의 잔소리마저 그리웠다. 이 순간 엄마가 가연을 현실로 불러 준다면 좋을 텐데. 가연의 심장이 터질 것처럼 두근거리던 그때, 할아버지가 해방 후 기옥이 모는 비행기에 탄 적이 있다고 말했던 것이 떠올랐다. 가연은 안도의 한숨을 내쉬었다.
"어이, 꼬마 리안. 설마 지금 오줌 지리고 있는 건 아니겠지?"
기옥이 무전기를 잡고는 리안에게 농담을 건넸다. 리안은 이제 갓 스물이 넘은 어린 조종사였다. 아직 어려서 그런지 찔끔찔끔 울기도 잘하는 마음 여린 친구였다. 기옥은 농담으로 리안의 용기를 북돋고 있었다.
"왜 이래, 누님. 자, 나부터 가요. 누님은 천천히 따라오셔."
기옥의 뒤편에 있던 리안이 속도를 높였다.
"꼬마에게 질 수는 없지."
리안과 나란히 날던 기옥은 일본군 주둔지 부근에서 속도를 줄이고 고도를 낮췄다. 그리고 폭탄을 투하했다.
"콰쾅!"
요란한 폭발음과 함께 불꽃이 치솟았다. 막사에 정통으로 맞은 듯했다. 곧이어 리안도 폭탄을 투하했다. 십여 대의 비행기가 거의 동시에 투하한 폭탄이 굉음을 내며 연이어 폭발했다. 지상에서 불꽃이 솟아올랐다. 이 불꽃이 조국의 독립을 조금이라도 앞당길 수 있기를 기옥은 간절히 기도했다.
이 전투에서 이기고 조선으로 비행기를 몰고 돌아갈 수 있다면 얼마나 좋을까? 기옥은 그리운 평양의 하늘을 날고 싶었다.
"자, 이제 퇴각한다. 이 비행기는 소중한 재산이다. 한 사람도 빠지지 않고 전원 무사히 돌아가 부대에서 만나자."
가장 먼저 폭탄을 투하한 기옥이 비행기 방향을 돌렸다. 십여 대의 비행기가 꼬리에 꼬리를 물고 그 뒤를 따랐다. 보랏빛 노을이 지고 하늘

은 온통 검은빛이었다.

얼마 뒤, 상해 사변이 막을 내렸다. 중국과 일본이 상해에 군사 시설을 배치하지 않기로 협정을 맺은 것이다. 그러나 중국은 군대를 철수하고 소규모 경찰만 남겨 두기로 했지만, 일본은 군대를 주둔시켜도 된다는 굴욕적인 협정이었다. 중국의 비행대가 활약을 하기는 했으나 압도적인 힘의 차이는 어쩔 도리가 없었다.

상해 사변에서 활약한 것을 인정받아 기옥은 중국 정부로부터 무공 훈장을 받았다. 그러나 결국 일본군을 물리치지 못했다. 게다가 중국의 전쟁이었다. 기옥의 마음은 무겁기만 했다. 조국 독립을 위해 천신만고 끝에 비행사가 되었건만 조국의 비행기를 몰 수 없었다. 비행기가 한 대도 없기 때문이었다.

일본의 탄압 때문에 제대로 된 군대가 없으니 독립운동가들이 앞장서 목숨을 걸고 독립운동을 할 수밖에 없었다. 독립을 염원하는 조선의 비행사들은 기옥처럼 중국 공군에 입대해 일본에 맞서 싸웠다. 그것이 기옥과 같은 항공 독립운동가들이 일본에 대항하는 방법이었다.

어느 날, 중국의 항공 위원회에 있는 쑹 메이링이 기옥을 불렀다. 자리에 앉자마자 기옥은 열변을 토했다.

"중국도 일본처럼 많은 비행기를 갖고 있어야 합니다. 아시잖아요? 중국이 상해 사변에서 이기지 못한 것도 일본의 비행기 때문이었습니다."

일본은 중국의 몇 배에 달하는 최신 비행기를 갖고 있었다. 기옥은 하늘을 제압하지 않고는 일본군을 이길 수 없음을 알고 있었다.

"우리라고 왜 모르겠소. 비행기를 지금보다 늘릴 생각이오. 그런데 문제는 비행사요. 비행기가 무서워서 공군에 지원하는 사람이 없단 말이오. 그래서 당신을 보자고 한 거요. 좀 도와주시오. 공군에 자원하라는 선전 비행을 해 주시오. 당신이 선전 비행을 한다면 더 많은 사람들이 용기를 낼 것이오."

기옥은 비행시간이 7,000시간이 넘는, 중국 공군 중에서도 손꼽히는 뛰어난 비행사였다. 중국인 여자 비행사들도 몇 있었지만 기옥처럼 전투에 참여해 비행기를 모는 경우는 극히 드물었다. 그러니 기옥이 선전 비행에 가장 어울리는 비행사였다. 기옥은 기꺼이 쑹 메이링의 청을 받아들였다. 더 많은 사람들이 비행기를 몰게 된다면 일본에 큰 위협이 될 터였다.

다음 날부터 기옥은 선전 비행에 나섰다. 사람들의 관심을 끌기 위해 기옥은 그 옛날 아트 스미스처럼 곡예비행을 하며 다양한 묘기를 선보였다. 놀란 사람들이 구름처럼 몰려들었다.

비행을 끝낸 기옥이 착륙하자 구경꾼들이 우르르 비행기를 향해 몰려들었다. 조금 전까지 비행기를 몰던 사람이 여자라는 사실을 알고 사람들이 놀라 수군거리기 시작했다. 기옥은 확성기를 들고 목이 터져라 외쳤다.

"예. 맞습니다. 저는 여자입니다. 여기 이 비행기는 괴물이 아닙니다. 여자도 몰 수 있는 단순한 기계일 뿐입니다. 자동차나 기차처럼 사람이 움직이는 기계에 불과합니다. 그러나 이 기계가 나라를 지키는 최고의 무기입니다. 젊은이들이여, 대륙의 하늘을 지키는 전사가 되고 싶지 않습니까?"

　기옥의 비행을 보고 즉석에서 수십 명의 젊은이들이 공군에 지원했다.

　쑹 메이링의 예상대로 기옥의 선전 비행은 성공적이었다. 기옥은 중국 전역을 돌며 선전 비행을 무사히 마쳤다. 마지막은 동남아시아를 거쳐 일본까지 갈 예정이었다.

　기옥은 선전 비행의 마지막 날 일본에 도착하면, 도쿄의 천황궁에 폭탄을 투하할 계획이었다. 그러나 비행 이틀 전, 폭탄을 싣고 선전 비행을 할 수 없다는 통보를 받았다. 기옥은 밤새 잠을 이루지 못하고 뒤척였다. 천황궁을 폭파할 수 있는 절호의 기회를 이렇게 날려 보낼 수는 없었다.

　방법이 없는 것은 아니었다. 죽을 각오를 한다면 천황궁을 폭파하는 게 가능했다. 스스로 폭탄이 되어 비행기와 함께 천황궁에 돌진하는 것이었다. 물론 기옥의 목숨을 내놓아야 했다. 30대의 나이에 죽는다고 생각하니 한편으로 억울하기도 하고 두렵기도 했다.

　동이 터 올 무렵, 기옥은 마음을 굳혔다. 조국의 독립을 위한 일이라 생각하니 후회는 없었다. 어린 시절의 꿈대로 비행사가 되었고, 누구보다 오랫동안 하늘을 날았다. 하늘을 날던 매 순간을 기옥은 생생히 기억하고 있었다. 그리고 이제 또 하나의 더 큰 꿈, 조국 독립에 도움이 되기 위해 먼 길을 떠나려 하는 것이다.

　기옥은 가만히 눈을 감았다. 그리고 가족들의 얼굴을 하나씩 떠올렸다. 오랫동안 보지 못한 그리운 얼굴들이었다.

'저는 해방의 순간을 보지 못하고 떠나지만 부디 해방된 조국에서 행복하게 사세요.'

기옥은 마음속으로 몇 번이고 되뇌었다.

그러나 기옥의 굳은 결심은 물거품이 되고 말았다. 북경에서 대학생 시위가 발생하는 바람에 일본으로의 비행 자체가 취소된 것이다.

기옥은 피가 나도록 입술을 깨물었다. 억울했지만 이것이 남의 나라에서 살아가는, 남의 군대에서 싸우는 민족의 분통인 것이다. 조선의 독립을 위해서는 조선의 공군을 만들어야 한다. 기옥은 계속해서 다짐했다.

엄마가 흐느끼는 가연의 어깨를 흔들었다. 벌떡 일어난 가연은 엄마를 끌어안은 채 엉엉 울었다.

또 다른 꿈의 시작

　기옥은 중국 공군에서 함께 활동하던 비행사 최용덕, 손기종 등과 함께 우리나라 비행대 편성과 작전 계획을 구상했다. 미국에서 비행기를 지원받아 우리 땅을 점령하고 있는 일본군과 싸운다는 내용이었다. 이들의 계획은 1945년 3월, 임시 정부가 독립을 위해 세운 작전에 포함되었다.

　기옥은 임시 정부의 연락을 기다리며 라디오 방송을 통해 일본의 근황을 조사하는 일을 하고 있었다. 새처럼 창공을 훨훨 날아다니던 사람이 종일 좁은 방에 틀어박혀 라디오만 듣고 있자니 좀이 쑤셨다. 기옥은 조선 총독부와 천황궁에 폭탄을 퍼붓는 자신의 모습을 상상하며 힘든 날들을 견디는 중이었다. 라디오에 귀를 기울이던 기옥이 벌떡 일어났다.

　"본인은 대일본 제국의 최고 통치자로서 더 이상 전쟁을 수행할 수 없다는 판단하에 대일본 제국은 연합군에 무조건 항복하였음을……."

일본 천황이 항복을 선언하고 있었다.

미국이 일본의 히로시마와 나가사키에 원자 폭탄을 터뜨리고 소련까지 전쟁을 선포하자 일본도 더 이상 버틸 수 없었던 것이다.

기옥은 믿을 수 없는 뉴스에 멍하니 귀를 기울였다. 그토록 고대하던 광복의 순간이었다. 거리에서 만세를 외치는 사람들의 소리가 들려왔다. 일본의 패전 소식에 사람들이 모두 거리로 뛰쳐나온 것인지 만세 소리가 점점 커졌다. 그러나 기옥은 아직도 꿈을 꾸는 것처럼 멍하기만 했다.

기옥은 정신을 차리고 임시 정부 청사로 달려갔다. 혼란스럽기는 다들 마찬가지였다. 독립을 위한 결전의 날을 앞두고 해방을 맞이한 것이다. 어떤 준비도 되어 있지 않은 상태였다. 앞으로 어떻게 해야 할지 뚜렷한 전망조차 없었다. 그렇다고 넋을 놓고 있을 수는 없는 노릇이었다.

조국의 독립을 위해 기꺼이 목숨을 내걸고 싸운 수많은 독립운동가들의 염원이 드디어 이루어진 것이었다. 기옥을 비롯한 임시 정부 사람들은 매일 모여 앞으로의 일에 대해 토론했다.

기옥은 우리나라의 공군 창설을 위해 앞장서 일을 추진했다. 우리나라에 공군이 생긴다는 생각만으로도 기옥의 입가에 웃음이 번졌다. 내 나라의 비행기를 타고 내 나라의 하늘을 날며 내 나라를 지킨다. 그게 앞으로 기옥이 해야 할 일이었다.

가연은 몸이 흔들리는 느낌에 잠에서 깼다. 아빠가 가연을 안은 채 이 층 계단을 내려가고 있었다. 엄마가 이불을 들치자 아빠가 가연을 침대에 뉘었다. 이불을 가연의 턱 밑까지 끌어올려 덮어 주면서 엄마가 걱정스럽게 말했다.

"여보, 가연이 말이야. 이 층에만 가면 잠이 드는 게 이상하지 않아?"

"이 층에 자주 간 뒤로 공부도 열심히 하고 책도 열심히 읽는다며? 평소에 안 하던 일을 하려니 피곤해서 그럴 수도 있는 거니까 두고 보자고. 달리 이상한 건 없는 거지?"

"이상하긴. 요즘만 같으면 내가 걱정이 하나도 없겠어. 학원 한 번 안 빠진다니까. 몇 달 새 갑자기 어른이 된 것 같아."

"그러게 말이야. 지난번에는 비행기에 대해 줄줄 읊는데 내가 다 깜짝 놀랐다니까. 거의 전문가던데?"

"일제 강점기 시절에 대해서도 우리보다 더 잘 알걸."

"이 층에 있다는 할머니가 도우셨나 보지 뭐. 우리가 절이라도 해야겠네."

가연은 잠든 척하고 부모님의 말을 다 들었다. 가연은 이불을 뒤집어 쓰는 척하며 배시시 웃었다. 부모님은 꿈에도 모를 것이다. 정말로 이 층 할머니가 도와주고 있다는 것을.

다음 날, 학교에서 자신의 꿈을 발표하는 시간이 있었다. 연예인이 되겠다는 아이들이 절반이 넘었다. 선생님의 시선이 창가에 앉아 있는 가연에게로 향했다. 지난 학기에 가연의 꿈은 아무것도 되지 않는 것이었다. 가연의 꿈을 듣고 아이들은 책상을 두드리며 웃어 댔다.

"왜 아무것도 되지 않는 게 꿈인데?"

"어른들이 자꾸 뭐가 되라고 하니까요."

가연은 학교에 있을 때도 뭔가 변한 것 같았다. 수업에도 예전보다 적극적으로 참여했고, 멍하니 있는 시간도 훨씬 줄었다. 선생님이 가연을 보며 물었다.

"자, 가연이는 꿈이 뭐지? 아직도 아무것도 되지 않는 게 꿈이야?"

가연은 한참 후에야 대답했다.

"잘 모르겠어요."

"뭘 모르겠다는 거지?"

"저는 하늘을 나는 게 좋아요. 비행기도 좋고요. 그래서 어떤 때는 전투기 조종사가 되어서 우리나라를 지키고 싶기도 해요. 또 어떤 때는 우주 비행사가 되어서 아무도 가 보지 못한 우주를 탐험하고 싶기도 해요."

뜻밖의 대답에 아이들이 일제히 가연을 바라보았다. 가연이 이렇게 똑 부러지게 자기 생각을 말한 게 처음이었다. 두세 번씩 되물어도 다른 사람들은 이해하기 힘든 말을 늘어놓던 가연이었다.

"야, 네가 어떻게 전투기 조종사가 되냐?"

찬혁의 말에 아이들이 비웃듯이 웃음을 터뜨렸다. 가연은 아이들을 보며 말했다.

"너희들 우리나라 공군의 어머니가 누군지 알아?"

아이들은 아무 말도 없었다.

"그럼, 우리나라 최초의 여성 비행사 권기옥은 알아?"

아이들이 눈을 반짝이며 가연을 응시했다. 선생님까지 가연의 말에 귀를 기울였다.

"권기옥은 1920년대에 항공 학교를 졸업한, 우리나라 최초의 여성 비행사야. 비행기를 몰고 독립운동에 앞장서셨지. 우리나라가 해방된 후에는 대한민국 공군 창설에 큰 역할을 하셔서 대한민국 공군의 어머니라고 불리시는 분이야."

아무도 말을 꺼내지 않았다. 모두들 입을 떡 벌린 채 가연을 응시할 뿐이었다. 선생님이 짝짝 박수를 보냈다.

"가연이 정말 대단하구나. 벌써 조종사가 된 것 같은데? 자, 가연이가 꿈을 꼭 이루라는 뜻으로 우리 모두 박수를 보냅시다."

가연의 얼굴이 발갛게 달아올랐다. 학교에서 처음 받는 칭찬이었다. 뭐라 설명할 수 없이 마음이 뿌듯했다. 좀 전까지 가연을 놀리던 아이들이 힘차게 박수를 보내고 있었다.

가연은 언젠가 똑같은 상황을 경험한 것 같은 착각이 들었다. 항공 학교에서 기옥을 괴롭히던 훈련생들이 떠올랐다. 기옥은 그런 고난을 모두 이겨 내고 가장 먼저 단독 비행에 성공했었다. 기옥의 말이 옳았다. 뜻이 있어야 길을 찾는다.

기옥은 운남성 성장 당계요 앞에서도 당차게 말했다. 뜻이 있으면 길을 찾는다고.

'나는 지금 뜻을 품기 시작한 것일까? 뜻을 품었으니 정말 조종사나 우주 비행사가 될 수 있을까?'

아직도 가연은 기옥처럼 어떤 어려움이 닥쳐도 뚫고 나갈 자신은 없었다. 자신에게 어떤 어려움이 닥칠지 두려웠다. 기옥을 떠올릴 때마다 그런 자신이 부끄러웠다. 하지만 두렵다는 이유로 포기하고 싶지는 않았다. 가연은 자신만의 길을 찾아보고 싶었다.

그날 오후 가연은 다시 이 층으로 갔다. 그리고 진열장에 놓인 수많은 비행기 모형을 하나씩 찬찬히 훑어보았다. 저 모든 비행기에 대해서 가연은 다 설명할 수 있었다. 언제 어디서 만들어진 비행기인지, 특징이 무엇인지.

비행기에 대해 하나씩 알아 가면서 가연은 비밀스러운 여행을 했다. 그사이에 없던 꿈도 생겼다. 감회가 새롭다는 말이 불쑥 떠올랐다. 할아버지가 언젠가 가연에게 한 말이었다.

정확히 설명할 수는 없지만 이제야 가연은 할아버지의 말을 이해할 수 있을 것 같았다. 이 층에서 경험했던 지난 모든 일이 벌써 그립다고나 할까?

가연은 프랑스제 복엽기 뉴포트를 집어 들었다. 이번에는 또 어디로 가게 될까 생각하면서.

잠시 후 가연은 질끈 감았던 눈을 떴다. 가연은 햇살이 쏟아지는 방 안에 서 있었다. 비행기 모형들이 가득한 이 층 방이었다.

"어? 왜 이러지?"

가연은 다시 뉴포트를 만졌다. 이번에도 조금 전과 똑같은 이 층 방이었다.

가연은 다른 비행기 모형들을 하나씩 꺼냈다. 어떤 비행기도 가연을 기옥에게로 데려다주지 않았다. 가연은 비행기들이 마구 널린 방바닥에 털썩 주저앉았다. 시간 이동이 언제나 즐겁기만 했던 것은 아니었다. 때로는 무서웠고 돌아오고 싶었던 적도 많았다. 그런데 이제 갈 수 없다고 생각하자 기옥과 함께했던 모든 순간이 너무 그리웠다.

가연은 주변에 있는 비행기들을 물끄러미 바라보았다. 진열장에 있던 비행기들이 모두 나와 있어서 마치 그것들이 가연을 에워싸고 있는 것 같았다.

기옥은 가연에게 무엇을 알려 주고 싶었던 것일까? 가연은 소중한 경험을 하게 해 준 비행기들을 하나하나, 제작된 시기별로 진열장에 넣기 시작했다.

최고 속도가 지금의 자동차 최고 속도보다도 느렸던 뉴포트부터 소리보다 빠른 속도로 날던 블랙 버드까지. 이 속도의 발전에는 약 40여 년밖에 걸리지 않았다. 아마 뉴포트를 몰던 비행사들은 비행기가 그렇게 빨리 날 수 있을 거라고 상상하지 못했을 것이다.

가연의 마음속에는 하늘을 날고 싶다는 작은 꿈이 뿌리를 내렸다. 몇 년이 지난 뒤 그 꿈이 어떻게 변해있을지 가연 자신도 알지 못했다. 하지만 기옥이 말했다. 뜻이 있으면 길이 있다고.

가연은 마지막으로 블랙 버드를 제 자리에 놓은 뒤 진열장 문을 닫았다. 환한 빛이 쏟아지는 창문을 등진 채 머리가 하얗게 세고 동그란 안경을 쓴 할머니가 서 있었다. 나이가 든 기옥이라는 것을 가연은 한눈에 알아챘다.

동그란 안경도 젊었을 때와 똑같았다. 기옥이 가연을 보며 환하게 웃었다. 잠시 후, 기옥의 형상이 흐릿해지더니 환한 웃음만 남았다. 온몸이 따뜻해지는 웃음이었다. '잘 될 거야'라고 말하는 것 같기도 했다. 이내 웃음도 사라졌다. 창가에는 눈부신 햇살뿐이었다.

"안녕!"

모든 여행이 끝났다. 가연은 아마 다시는 기옥을 만날 수 없을 것이다.

"그리울 거야. 잘 가!"

가연은 멀어지는 기옥을 향해, 어린 갈례를 향해 나지막이 마지막 인사를 건넸다.